Ingaitherins

Other AUP Poetry Titles

PERSPECTIVES
George Bruce

TOUCHING ROCK
Norman Kreitman

THE LOW ROAD HOME
Donald Gordon

WHEN TRUTH IS KNOWN
Ken Morrice

FOR ALL I KNOW
Ken Morrice

A RESURRECTION OF A KIND
Christopher Rush

NOT IN MY OWN LAND
Matthew McDiarmid

TIME GENTLEMEN
Hamish Brown

THE TIMELESS FLOW
Agnes C Carnegie

THE PURE ACCOUNT
poems by Olive Fraser (1909–1977)
collected, selected and introduced by Helena M Shire

POEMS OF THE SCOTTISH HILLS
an anthology
selected by Hamish Brown

SPEAK TO THE HILLS
an anthology of twentieth century British and Irish mountain poetry
selected by Hamish Brown and Martyn Berry

Ingaitherins
Selected Poems

Alastair Mackie

ABERDEEN UNIVERSITY PRESS

First published 1987
Aberdeen University Press
A member of the Pergamon Group

The publisher acknowledges subsidy from
the Scottish Arts Council towards
the publication of this volume.

British Library Cataloguing in Publication Data

Mackie, Alastair
Ingaitherins : selected poems.
I. Title
821'.914 PR6063.A242/

ISBN 0-08-035071-2

Printed in Great Britain
The University Press
Aberdeen

CONTENTS

Early Poems

Captus cupidine coeli—Ovid: a space sequence

Selections Frae 'Clytach'

At the Heich Kirkyaird. A Hielant sequence dedicatit to Forbes McGregor

St Mark's Passion dedicatit to the late Rev A S Borrowman

Plainsangs

Miscellaneous poems

ACKNOWLEDGEMENTS

Special thanks are due to Duncan Glen of Akros and Eynd publications for the inclusion of sections 2–5 of this collection.

Other poems throughout have appeared in *12 Modern Scottish Poets*; *Modern Scottish Poetry* (1925–75); *Scottish Review* no. 6; *Scottish Poetry* nos. 5 and 6; *Eynd*; *Scotia Review*; *Akros Anthology of Scottish Poetry* 1965–70; *Chapman*.

I extend thanks to Frances Stevenson my daughter who was responsible for the drawings.

EARLY POEMS

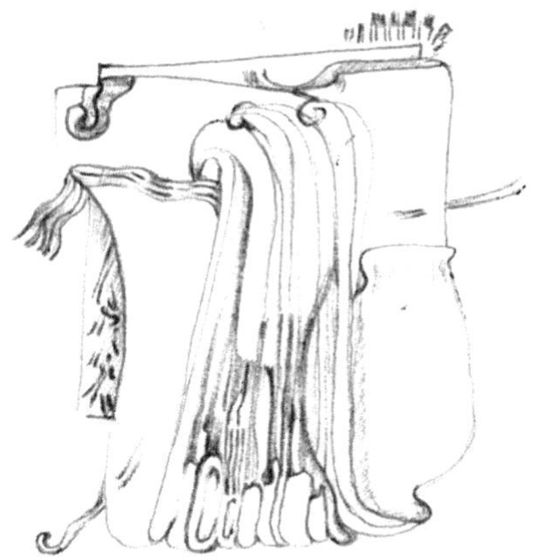

FOR THE BAIRN UNBORN

My love and I hae plantit a seed
in ablow the banes o her briest.
The winter shall hap her aboot wi white hands.
Let April drook her and mak her quick
for when midsimmer sillers aa the sea
she maun pech thro darkness like Persephone
intill the licht o day.

IMAGE MARITIME

There's nae a souch on the briest o the sea
when the black-hulled ship dirls roon the pint.
The bairn glowers frae the stany pier
and his een are stelled on the sicht.
The siren's hooin deaves in the soond
as her bow-wave braks gless.
But O fu sad the licht is
that dwines in the lyft
and has nae hame!

THE SHEPHERD

Grieshoch and pit-mirk
and the yowes are snaw on the hill
on a nicht when the velvous pend
o the lyft is awesome and still

Mony's the nicht I've sat
neth the stewartry o the stars
and little thocht o the gowls o space
and aa its unkent fires.

Till nou, when my een are strung
on a sudden bleeze o licht
and I am a pairt o aa I see
and ken the pooer o the nicht.

The bale-fire dwines to a spark
in the lowe that lowps abune,
and the Ploo is rugged asunder
and aa the starns gang roon.

And aa the lyft and aa the yirth
is yokit till a sang
while like a blindrift in the air
birls an unco thrang.

Ilkane was baith a sang-note
and sangster in yon gleid
and I was ane wi them that swirled
like a dirlin in the heid.

Gowden bugles mell wi the dark
that cowps doun like a lynn.
The stars are preens in the baas o my een,
my lugs hear nocht but win.

There's nae quait in the nicht nou
for terror cam wi a sang.
Yon licht that rived the mid-nicht'oors
will gar me grue for lang.

SEA-SCUNNER

The sea's a fule ashet
the lyft canna scoor,
sang the sea-scunnert man
in the Merch shooer.

A ruckle o roofs
wid gar ye greet,
a ruckle o stanes
ablow your feet.

Een in the gutter
and a hert like a bane
the dogs hae chowed at
and left alane.

Fushionless toun
and fushionless fowk,
the onding has gien ye
the gaup o a gowk

THE KIRK-YAIRD BY THE SEA

The deid-ruckle o the tides ablow the links.
Abeen, the stane howffs o the deid
that byde in their deid holes,
sea-souch and sea-girn at their feet and heid.

The wind draps on the kirk-yaird wa
and the table tombstanes, saut een.
The names o the deid ablow the mools
the elements hae scoored clean.

And ootby, the gales and watters
jow their everlastin bell.
The grave grasses thrash in time
to yon saut-drookit knell.

The sea-forfochen fowk in their lairs
mell here wi the affcasts o the sea;
tangle, feathers and partans' banes,
neebors to their mortality.

AFTERSTANG

The tide ebbs.
On my back on the jobby whins o the bed,
the body's wecht kent and cauld,
fushionless, stanged wi mony sairs,
my haill body
is smittit wi the afterstang.

post coitum omne animale . . . *

The Latin phrase in its entirety — *Post coitum omne animale triste est* — means literally, Every living creature is sad after the act of sex.

I am a blin beast
tethert to a stound.
The ee o darkness
winna steek my ain.

Hyne awa as her hoch-bane she sleeps.
O love, when we lowsed the knot
that bound us baith thegither,
whit drapt doun, crined and took its leave
and left me in slack watter,
that rowes me roond and roond and roond?

SCHOOLQUINE

I mind on ye when your hair was straucht,
a lassie like the lave.
Till ae day, sudden-like, ye lookt up
oot o blue een,
sma white fingers roon the bowl o your face
and I thocht syne in the blink o an ee
your ain een tellt me whit the gless lang kent
when ye gied yoursel at nicht
to its oval glower.
And the haill room was quait,
blate and fearfu as the beats of your hert.

And ye saw syne your briests burgeon
and your haill body cam hame to you wi a saft lowe
ye cairry still, the wey ye haud your heid
and the crook o your fingers aboot your mou.

Nae quine, but queen.
I stand and watch ye gang your weys,
a carline, sweein your body's cantrip spells.

The louns gaup at your by-gaein,
beglamert by your witchery.

BEETHOVEN

Toom. Stane, scrog, scree and tyauve.
He maun tyauve, he maun warstle wi's hands,
in an airt the licht till nou has tint,
as dour in yon dark he stands

mou mumpin at the thocht o the coorse work
he's jist left, to come to this howe-hole
blacker nor the mirkness he carries aboot
in the seed-bed o's skull. To thole

nichts that faa fae him into cleuchs
boddomless, wi his bogles blinkin blae-moued
there, when aifter the grun has kent the licht
silence cams owre him like a clood.

The singin hemmer draps doun wi a dunt
and the streets and hooses stand deid-still.
The haill work that was spielin frae the foonds
is tongue-tackit, fushionless like his will.

Till afore the hinner-end o the pit-mirk
the sang-notes chirm and link airms
and flee owre the roof-taps and aa the wynds
and the closes are settin to bairns

dansin and fowk wi their bleed dirlin
and the hail toun bullers wi a sang
that birls roon with earth and starns
and mells wi their motions erelang.

But he hears nocht but anither mirk,
oboes, violins, bassoons . . . faa lown.
The room's a sotter o manuscripts
but he canna lift his pen.

ENCOUNTER

They lauch low intill their tea-cups
and nod to ane anither.
The toun glowers thro the winda
fair scunnert wi the weather.

They stretch themsels and feel
their life is bien and snod.
The waitress moves to their finger-nebs
douce-like as till a god.

The nicht cowps in a drunken man
and the room is grey wi dreid.
Perseus sits at the table
haudin the Gorgon's heid.

Aa his lane he gecks at them
grown stane-cauld like their tea.
The snell draucht o an unco thing
has gealed their certainty.

He sings the sang o chaos
that gars the idols faa.
The grun comes up to meet them
as 'twere a stottin baa.

He's quait nou intill himsel.
They dinna mak a soond.
Their weird is bubblin in the cup,
he steers it roond and roond.

RIMBAUD; THE END

Ye're hame nou, my senses five,
daft-like bairns I used to ken,
and glowrin at me roond the bed,
but are ye men?

White sheets, the shog o a cairt ootby,
a fyaachy slivver in the mou,

the air's foosty wi something left ahin,
it's ticht at my brou.

I was aye gleg at the uptak,
ower gleg mebbe for ony good,
but ye'll ken that ower weel
mair nor ony man could.

Lassies whiles, ken whit I mean
when they speir at the keekin-gless
for fairheid and the haill world
and naething less.

Frae the pints o their white fingers
they feel a pooer like flame
burn in their brent-new bodies,
weel, I was the same.

I burnt thro fower lang years.
I saw further nor ony see
in their born-days . . . the gowden birds,
the bob-quaws, the ecstasy.

For whit? The price o growin up
maun aye be something tint.
Aifter sic licht, the dark. Mebbe
I ocht to hae kent.

It's like the North here in the bed;
your een sledge ower the lirks o snaw
that haps ye roon; my chin keeks
ower a mountain wa.

My body dwines awa there, tho,
jist ablow the richt knee
and it's gey cauld, but nae wi drifts.
Yon's nae mystery.

Something tint? A poxed-up rotten
stump, a wheen o tints,
a bonny flooer without a peer
for its ugsome scents.

o ony I saw or thocht I saw aince.
It's like my haill life
was bealin in the dark
for a gully-knife.

O wizard, whaur's your cantrips nou?
Yon auld bleflummery!
There's nae a word'll gie me a leg.
I've connacht the glamoury.

I'm heistit up on a queer craw-stick
I cairriet aa by mysel.
And nineteen years are fleerin—
'O maister, save yoursel.'

Saved is't? That's for ither fowk.
Gowks like me get sticks.
O mither, come to my peepy-show,
I'll show ye aa my tricks!

This is the wey to cowp the boat,
to cowp the boat, to cowp the boat,
this is the wey to cowp the boat
on a cauld and frosty mornin.

There's ae 'oor afore the skriech o day
when the licht's a grey slug
that dichts its wyme on the winda
and gies ye a rug

to wauken up to your ain grey life
aneth its dreich shadda,
and ye see ayont it, in the grey reek
ootside the spittal-wa . . .

Hashish wid-dreams . . . Deserts. Send me
an elephant gun. The het
smells o bilin metal. My pipe.
Djami,* gang and fetch it.

* Rimbaud's faithful native servant.

Thirty 'oors on the march withoot meat.
The cairriers forfochen. Be steery then;
saddle the mules. Gowd beckons.
Isabelle†, find thirty men!

The muezzin's cry in the blue gloamin.
The taste o coffee. Nae lang syne
my caravan traiked owre airts
nae white man haed seen.

D'ye tell me that fae Europe?
—that gutter-hole I quit—
the speak o the place ye say?
I tell ye; poetry's shit.

I'll write to Aden. They'll ken . . .
Yon tears. I canna dress mysel.
Africa, my sair-hertit odyssey.
O my hoch-bane stounds like hell!

I've sent a hunder francs, mither.
Ye'll hae the receipt. I'm doverin.
Done for. I pish on Europe's god
and aa his seraphin.

The doctor says I'll mend tho.
Eternity. Like the sky-line
mellin wi the lyft. Hou I drank
sun-scaudit distances like wine!

Through the deid-ruckle craikin
in's throat, she thocht she heard
before the last steekin o's een
'Allah', the spaeman's last word.

† Rimbaud's sister who attended his last hours.

TO HUGH MACDIARMID WHILES*

Ye'll mind, Hugh, on saint Antony (you that mind
owre muckle, mebbe), as Bosch pentit him,
wi craigs for neebors, and for human kind
a squatter o bogles hotchin on the rim

jist, and nae mair, o his fleshly dwam;
slee een, eggs wi spinnle-shanks, snicherin mous,
fur, fin, cleuk afore his een. Ramstam
they slidder, swash and flisk. But ye'll jalouse

the drift o't. A desert gies ye lang een.
But hae ye joukit the deils as ye thocht?
Is the sang nae deaved wi your mell's dreich

dunt doun in the Scots stane-pit, aa your leen,
a coorse thrawn soond, as tho ye wrocht
on and heard nocht but a staney skriech?

* Written 1958

IN THE PARK

The trees are lanesome. It maun be aa the steer
o fowk stravaigin thro the aifterneen,
fu o cast claes and cares, aa the human gear
like eerans opened oot to passin een.

The feedin o five thoosan on ice-cream;
and doverin wi the band's tree-muffled brass
that snores and showds them in their simmer dream
when 'It's the pipers! Gie them room to pass.'

Like a hangin! Whit swung in the simmer lyft
they couldna say, but the skirl o the air's
stobbit them richt thro like the pint of a dirk.

And they've fair held their wisht. They didna shift,
but bade to see them linkin oot in pairs,
and when the reel endit they deid wi a jerk.

SANG O THE ANGELS

Aa o a sudden they were sung.
And their heids boued doun
like stooks afore the wind.
And they birl roon.

But there was nae soond
at the great sangschaw.
A fluther o wings
singin Gloria.

They becam a great music.
The tane was teemed oot
into the tither, as frae
an enless watterspoot.

Shaddas on a wa
till the lichts dwines,
and the lyft stounds
wi unco shapes it tines.

And they are gaithert in
to the great eelicht
that bleezed thro them
yon 'oor o the nicht.

LEAVIN ISLANDS

At the ootset, watter at the gable-ends
and atween the lirks o the hills; the lyft, blae,
or whiles blue, ayont the smirr; boats boued
in the bluffferts at the set o day.

The toun grew; a jossle o slates in a suckle voe.
The sky-line was preened doun to a licht-hoose
and the selvidge o the hills. Fowk sat ye doun
at their ingle-cheeks and speired at your news.

The seasons cam like guisers to your doors,
rigged oot in their marled braws,
in green breerins, in a dwam o silk watter,
touzled in stooks, white-shawled in snaws.

It's nae sic braverie I mind on nou,
for memory crines doun to the end o a park,
a squatter o hens, a bleachin-green, ae tree,
an auld man dellin into the dark.

For gane is aa the seasons' mummery,
the ferlies werena a stane-cast awa,
and aa the motley gy o the Orkneys
dwinnlt to the play o fower phenomena.

CAPTUS CUPIDINE COELI (Ovid)

A space sequence

CAULD KALE

Mony's the time as a loun I can mind
throwin heich in the air a rubber ba.
Och, I could gar it shift! And I can feel it yet,
yon sudden stound atween the shouther banes
as it left my hands. But aince weel quat o me
I felt forby an unco elation—
the merraige mebbe o muscle and will,
as it birled thro a wee ellipse. I'd look
up and spiel wi't, lured by the lust o the lyft,
till its virr dwinnled, and the rug o the earth
was caain it hame syne. And I thocht—
'An earth-bund stotty ba, a gowpen o skin,
for aa that I throw it, it aye breenges back'
But nou up here, abeen the globe's thrawn wrastle
I ken fine jist hou the auld earth dounby
is nocht but cauld kale het again.

Insuetum per iter gelidas enavit ad Arctos (Virgil)

A half-god like Daedalus? He soumed aff
for the snell North alang an unchartit road
o the air and alichtit bird-like wi a flaff
o feathers unskaithed and took aff his load

that had oared him on his brak-neck flicht,
a rickly craft to this bullet-nebbed embryo.
And Icarus? He tummled the cat oot o sicht
and into the sea. A weet kist for a hero.

We're nae mair nor human intelligence
sairin its apprenticeship. We steer
nae by guess nor by god but wi a sense
o an airt the mind taks to win clear

oot o 'it micht be' and onto 'it can'.
And this is it—the legend's nae jist lees
or havers. It's a metaphor that man
made for 's heichest possibilities.

Daedalus? We could be Icarus as weel.
Space is nae yet a causey; the smaaest
fankle in the circuits and we could reel,
a three man crew dung to skau at best.

Infinite spaces . . . Icarus gied his name
to a sea. Gin this shuttlecock skailed
fae orbit, whit wid we hae? Aa we could claim
wid be a pint on an ellipse whaur we failed.

There's nae sayin. For aa that, we maun hae
the patience o an hypothesis,
to wait and to thole, afore we can say
'Eureka'. That's nearhan whit it is.

Ae instrument amon mony, we ettle a goal
bigger nor oorsels. Is that god's work?
Na, humility is whit we need to thole,
aye, and to use in yon circuits o the dark.

That's god-like. I'll steek my een awhile
The middle-erd yestreen had for a wee, the turn
o a lassie's hoch-bane. I hiv to smile
at this cat-hole. Ootbye the cats' een burn.

Le silence éternel de ces espaces infinis m'effraie (Pascal)

Le silence éternel that flegged Pascal,
whit's that to yon thrummin silence ben here
o this crubbit cat-hole's micro-worlds o gear?
That works. Na, an auld wife rowed in a shawl

and keekin oot in a mirk nicht micht say
the same. Jist hamespun speculation.
It disna accoont ava for this temptation
that knocks clean agley his haill pensée.

For whiles up here it's like Christ wi the deil,
aa the kingdoms o the world ablow me
unwindin fae the earth's marled reel.

There's nae hashed jobs in oor technology.
Thirled to a schedule, the spaces o the dark
are sae mony date-lines, and years o work.

Ni rêve, ni réveil!
Je n'aurai pas été dans les douces étoiles!
(Laforgue)

I could dee the nicht! Bleed and nerves, the marra
o my banes, aa braidcast like meteor ess.
I'd jist add mair stour to the universe
or drap come time into the boddom o the seas.
a blob on a photygraph. Hic iacet . . .
Ach, but never to be up thonder in the starns.
O space has its widden-dreamers! My Faust thochts,
the nebulae in my nieves. Are they nae gangrels
like oorsels, yon far-aff worlds? Look, they're raxin
oot their hands till's in the starny immensities.
The nicht's ableeze wi uncoontable ingle-neuks
chitterin awa gey lanesome. God, will we
ever jouk the muckle belts o radiation
and win up there aa in ae piece,
to the proletariat of the starns?
And ae day they'll aa jine hands mebbe,
brither humanities. The Great Day'll daw
and starn-fowk wi slogans on their brous
'll sing thegither and gie God a shog!
Jist bloody styte; or mair like starn-styte.
It'll never be. I could dee the nicht,
nae dream or waukenin, either wey
I'd never be up yonder amon the starns.

(Adapted from Laforgue)

Darkness come closer to us than the light (MacDiarmid)

They say there's galaxies ootstrippin us.
We'll never see their licht. The universe
—or universes in't—will aye, it seems
win oot o oor hands; like God, still ayont
the midst we haud'm till. Even 'ayont'
gies the game awa; it's jist anither wey
o meetin oorsels.

Up here we're incomers fae the earth
helmeted reivers that daur to spy
on the infinite bool o space.
There's naething ootby as far as ye'd see
that was the work o oor makkin. It's this
unexploitable elba-room I like. The earth's
oors and we've made it for the maist part
bou t'oor will. Aa wey we turn in oor science
we meet oor ain face. In the micro-worlds
the stuff o the universe is whit we
mak o't, nae it in itsel. 'Byde still'
Cezanne wid grump at his fidgetty wife.
Ah, but it'll nae byde still. And nae mair'll we.
We're actors yet in this experiment.
Or like Newton poochin stanes, the muckle sea
o truth spreid oot unkent. A loon's divert.

Whit's the earth nou but a vast human hand
to the first grip o onything, onything had?
It lies loof up to yon steady lowe
aa its cartography and cultures
humanised and trade-marked 'oors'. Or gey near.
A terrestrial hall o mirrors jist;
oor Versailles howkit oot o a preen-heid.
This is terra incognita and here
we canna come speed. Naebody'll ever
colonise this bumbazin glower
o trillions o galactic macro-states.
Space is nae Africa.

Och we can mak a dossier o aa the facts
we can, but whit'll we hae at the end o't?
Nae mair nor a cat-hole to hunker in.
And gin we push awa the dark a wee
there's mair o't still. There's nae day-trips ava
to the first cause; and mair nor God moves
in a mysterious wey.

Lang live the mirk! For it's this that gies us
a bit licht to see oorsels as the Ithers
up abeen canna. It's a gey dry licht,
jist a pint. It maun dee for the pint-sized.
Wheel awa starn mass into nae man's land,
conter the star-keepers. Cowp oor barra.

They're only gladiators; the gladiators of the space age.
(NASA official)

INTERVIEW

Gladiators? Na, I dinna think so.
The Cooncil wales and trains us, an elite.
That muckle's true. And we dinna lest lang.
Ae mission, twa even, and oor stent's owre.
It's thooms doun syne I agree. But there's this.
We tryst a target wi exactitude.
The stars keep their tiers and we keep oor heids.
Oor day-darg is planned. Afore that stoicism
we're that tane up wi trainin to be tools
we tine oorsels in deein whit we are.

There's danger, aa the same. It disna fear me.
It's a kinna irritant ye jist thole.
A mission's a technological fact.
It's pure styte to think onything else.
Hou can a fact be an adventure?
Death? Death I wid jalouse is something . . .
is something technically indispensable.
We dinna think aboot it much ava.

There's waur. Real death is when the spaces
o the universe crine till screeds o paper
and an office desk and earth-bund yoursel
ye learn the trainees the knack and discipline
that fits them for biggin a causey to the stars.
That's whaur their lives begin. It's technology
we need, nae poetry. We live and dee
by that fact alane.

Faces

BLACK

Black
as the laird o hell's waistcoat
the mirk, the nicht.
The nicht?

Whit's nicht or day-daw
or aifterneen?
This blackness
is my sun and moon.

This black
is the faither and mither
o the blackest black
ye could think o.

Time's the chap o your pulse
or a voice,
Mutrie or Salkeld
shauchlin thro moon stour.

Dinna think o the pit-mirk.
Nor o Kincaid forby;
three days in the tank
and he wisna human.

Come oot o your dwam.
Een on the needle.
Stillanon somebody I ken
dounby is turnin owre,
and she forby has aa the darkness
aa till hersel.
Forget her.

(i) WHITE

There's faces I ken — I'll be ane o them —
that hae seen sichts nae man has ever seen,
(or thocht he's seen) grown auld owre young.
And bald forby. White's was the first I mind.
The first man oot o the Gorgon capsule.
Aa he wid say was 'It's grand'. Ye couldna tell'm
he'd tane the wecht o the planet aff his feet.
Hmm, 'grand'. And him for aa the world unwappin
like a bairn fae's mither, its time come roon,
to face . . . he widna say. Or couldna mebbe.
'Dammt, we're nae here to doze or cuddle
oor sensations. there's nae the time nor the need'.
His stent's owre. He's trainin ither lads
six years younger nor himsel for ither missions.
Nae for him the god o the spaces,
nor the pynor alichtin on the planets for a hame,
nor yet the explorer, the Columbus
o a thoosan and one stars . . .
He was in himsel equal to his stretch,
a frontier boundit by a fact.

(ii) BAIN

He'd nae doots.
He wisna the speirin kind.
The moon or Saturn?
It was aa the same to him.
'It's nae gettin there

but gettin back that maitters.
Aathing else is jist . . .
jist a wheen o havers.'
Naething byordinar to look at.
Still, the kinna face
that'll launch come time
a thoosan ships,
I doot.

(iii) **KERNOHAN**

If there's onything ava till't, it's this;
I'm a sodger, I dee whit I'm tell't.
This is war, mak nae mistake aboot that.
But nae jist like earth's wee wars—it wints nae mair
nor twa or three to win, and win back.
The signal, when it comes, and it will come,
'll be the same for me as for ony sodger
throughoot history. Naething cheenges that,
(I've drappit boombs afore now, I ken the game)
The differ is this, that I'll be aimed this time.
I tryst a target nae man's ever seen,
sodger and bullet baith. I serve my country
and the Cooncil. I'm in their pey. A sodger's
jist a hand, a weel-trained hand, nae mair.
I keep it swack and soople. Whit ither?

(iv) **FREEMAN**

A fairmer's son.
He'd rowe a puckle earth in's hands.
'Oor mither' he'd say
And gie a bit lauch.

'We'll never see its like.
Chopin nou,
did he nae cairry a nievefu o't
aa ower Europe, Polish earth?
I dee the same on ilkie test
the further oot we probe.

Still, in a wey
we're aa o's braidcast
owre the mools o space.
Gin time we'll tak root,
some o's, some wey.'

He was blawn to crockanition
afore he got clear o the grun.
Whit there was o'm
was left to his mither.

(v) SHERIFF'S DREAMS

Auld earth, halflin o a starn,
sae mony kirks,
Greek jougs,
scrievers and formulae,
it's you we're still lookin for
amon aa thae Roman names,
Mars, Venus, Jupiter, Neptune . . .

We're never dauntoned, are we?
Licht years syne
the sun'll be a dander,
and we'll skail fae ye
in continents
for a drap watter, a bit air
and we'll tell oor bairns,
'Aince upon the earth . . .'

HERO = THREE

The hero nou is twa or three.
'Whaur twa or three are gaithered in thy name'
the hero is the haill o them.
This is technology.

The earth's frieze o the famous
auld-farrant captains, deid
wi a hantle o honours on their heid
like Spartan Leonidas

say, or John Graham nearer hame,
that song's owre and done.
For this endeavour we hae won
for hero a collective name.

There's nae room for the classic
cavalry chairges, rear-gaird ploys,
the ram-stam lug-stoundin noise
o the individualistic.

Mair mechanisms nor men
we fit aneither perfect;
we are thirled like the elect
to predestination.

Livin forekent, sleepin forekent,
aye, deein gin it were to be.
In a wey we're like the trinity,
three persons, ae instrument.

Aince Odysseus in his seggy-boat
plytered aboot the aidle-pool
o Europe. Ae Homer's liltin mou'll
nae be makar o't,

oor odyssey. It waits its heroes.
We touch but the door-sill o space
like benichtit traivellers in the face
o a pit-mirk, haill missions o's.

Aye, there'll be sagas. But nae jist yet.
Heroes need time to mak.
We've jettisoned oor egos. Ahint oor back
they drapped like a rocket.

. . . et des îles
dont les cieux délirants sont couverts au vogueur
(Rimbaud)

This ship's nae drucken
tho I hae seen 'des archipels sidéraux'.*
Ye were jist a halflin Rimbaud
when your spaeman's een were God
and aa your raivelled senses mappit oot
a world transmogrified . . .
Och, this yokey fit-sole for the infinite'!
It's nae come at and ye'll nae wish it
by lowsin the tether-tow o the earth
to stetch yoursel wi ferlies . . . wind-bufft landfaas,
dementit lyfts, cleg-ridden quags,
mirlygoes o colours . . .
Think o the stey brae o the back-bane
afore it took the wecht o the first man's heid;
the distance atween that and the day a stane
cheenged centuries wi ae clour. A genius
taks time; mind that the first ape-men
o the yirth cairriet in their harn-pans
the unborn seed to hairst the future—
machines, concepts, sangs, politics, mass-war . . .
And you cowpin aa the senses heelster-gowdie.
For whit? A muckle knurl of carcinoma
frae your hoch-bane to your knee.

Na, the wey to whummle the boat is to hae
barmy notions o the unpossible. Oor lear
is biggit on mair siccar foonds nor the hashish dwams
o a loon. Poetry is lanely I jalouse.
There, in your bare lodgin aneth the lamplicht,
the page's white glamoury wyled ye awa
like hashish reek intill eldritch airts
whaur your een were scoured o reality
and a spang-new world kythed . . .

Your unpossible is the ootcome o a mind crack-wittit
and in the end ye lang for Europe's bow-backit brigs.
I bigg brigs; but to lest. Forby mine is the patience
wi a lang pedigree; it wrochts on.
It kens the unpossible,
it disna get fou on't.

* starry archipelagos

It's us that's seen the lyfts
gant wide open to the voyager.
Ye poor loun wi your 'j'ai trop pleuré'.†
Ye took aff fae the gantrees o your poems
but the blue in the end was like boke.
Ye sailed your drucken craft into the sma weels
o a gutter, struck glaur, beached and broke up.
I'll come doun to earth tae
but I'll blast aff aince mair.

Still anon ye had a glisk o't;
'million d'oiseaux d'or, o future Vigueur!'‡
Ye can drap the question.
I'm ane o them.

† I've wept overmuch

‡ millions of golden birds. O Vigour to come

SPLASHDOUN

It's true, as Sheriffs said it was;
aifter the black pouther, the plooky terrain,
aifter stottin to the moon's pou,
aifter the ess-middens of the moon
aa desire gealed in yon air.
But when the retro-rockets start to bleeze
and the seconds swither on the dial
ye come back to yoursel at last;
intill the searin lobby that leads back,
intill the wheel o the earth,
intill the bealin o the ego and aa its stounds,
desire, disease, decay, death,
back doun to the body we lowsed awhile.
And ye ken nou wi a stobbin certainty
that the hert rugs and hankers for the heichts,
and the body o ye
by the deid wecht o the world, is caaed
back to the mishanter o comin hame.

FEET ON THE GRUN

I canna help it,
I keep watchin my feet.

They're wechtit wi flat irons.
It's trauchlesome goin.

Whit the yird tholes! Gress, stanes
tree-reets, launchin pads . . .

Tree, tug-o-war jyned
by the lyft and the earth.

Atween tap-reets warstlin
and leaves upskailin.

Caber heistit and erdfast.
Nae me, nae aifter yon.

I'm nae a tree on the haik. Gin I look
up, it's my heid. It's sair raxed

agee atween it and my feet
styterin on the grun.

I'm in an ill-teen wi the earth.
See a cosmonaut wi unsiccar pins.

He feels as tho his heid
hadnae the feet for the grun.

SELECTIONS FROM 'CLYTACH'

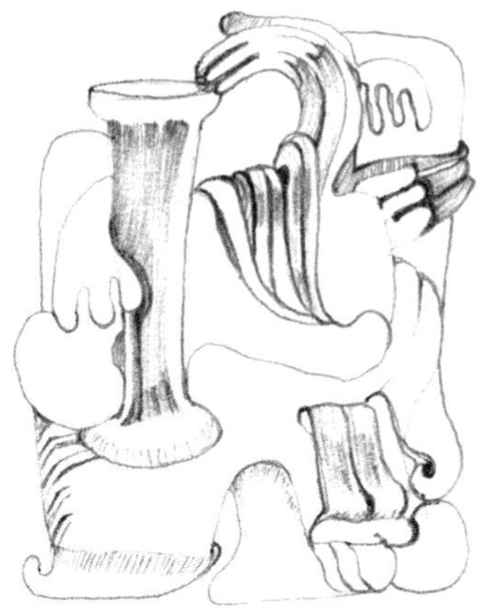

NEW MOON

Heuch edge o ice;
the fremmit rim o a Mongol shield
in the smorin steppes o space
kyths.

Asia's ahint. It's Europe's shot
this snell gloamin-fa.

Nether lip,
the face o ye mirklins,
there's an eerie lauch at the wicks o your mou.
Is't your first kill?

Finger nail whitens
amon aa the air's blue bleed.
The grip o the sliver!

And syne the starns.
The birstle o their schiltrons.

The menace o hemmert bress owre the sea.
The sun is smiddyin a targe.

It bydes a month for bleed.

IN ABSENTIA

'We've no heard fae God this while,'
said ane o the angels.
It was at a synod
o the metaphors.

Cam a wind;
it was aabody speirin
'Wha?'
into themsels.

It was heard by the souls
o Baudelaire and Pascal.
They fell into the muckle hole
whaur the question gantit.

In the boddom Jesus sweatit
'Consummatum est'
And Nietzsche
how he laucht and laucht.

The maist o fowk bein neither
philosophers or theologians
kept gaun to the kirk.
Whiles, like.

Syne God said, 'Nou I'm awa,
mak a kirk or a mill o't.'

And God gaed to the back o beyond
in the midst o aathing.

PIETA

Her face was thrawed.
She wisna aa come.

In her spurtle-shankit airms
the wummin held oot her first bairn:
It micht hae been a mercat day
and him for sale.
Naebody stoppit to haggle.

His life-bleed cled his briest
wi a new reid semmit.
He'd hippens for deid-claes.

Aifter the bombers cleck
and the sodgers traik thro the skau
there's an auld air starts up—
bubblin and greetin.
It's a ballant mithers sing
on their hunkers in the stour
for a bairn deid.
They kenit by hert.

It's the cauldest grue i the universe
yon skelloch.
It never waukens the deid.

ADOLESCENCE

Gin they wid leave me alane!

Whit ails me
I dinna ken.

Look ahin my een, ye'll fin
het saut and love-stounds.

Thae days it cams easy
like—dinna greet lassie—

A beast mum and tethert
to a stound.

The soond o the guitars
and me dwamin thro them.

And did he nae smile to me?
But he did smile to me!

The keekin-gless is my frien
I tell it aathing jist lookin.

It says naething the haill time
but—'Ye're bonny, quine'

I fill up its laneliness
wi my ain dowie face

and when my een crack
it shares my hert-brak,

cut gless lookin at cut gless.

BAIRNS

The een are like seedsmen,
in time they breed bairns.

Langsyne nou
oors trystit and lowed in the dark.
Yon nichts the stars o oor een stood still!

Aince we had aa the room t'oorsels.
Oor space, oor time was aa oor ain.
When they were sma their world was underfit,
we lookit doun like gods on their ploys.
Oor makkin was twa dothers.
We saw that oor world was good.

Nae langer.
Nou I'm bumbazed at the space they tak up in the room.
Standin or sittin they get in oor road.
And like Galileo we see oor crubbit space
whaur twa quines pit on airs and lipstick
that oor world is nae mair
the mid-pint o the hoose hauld.
Aa roon us birls ither creations.

It's the hairst o jist lookin.

ORPHEUS AND EURYDICE

In the mirk he saw her
hyne awa as his hoch-bane
and raxed for her face.
She turned and hearkened
to the lowpin o her bleed.

Finger nebs traivellt owre her body's landscape
steerin the channels o her body.
Her airms knottit his shouthers
an gin she wid never lowse them.
And in the mellin o lips
he gaed ben to the airt
that made them like a sea,
and in the showdin they won
to the heich tide o their love
till the spilth whummled them
and they were pairtit ane fae ither
as gin they said fareweel.
They lay forfochen in the happin
o the dark like twa castaways,
listenin till the dwinnlin souch o the ebb.
And owre them like a deid wecht
the stounds o the afterstang.

CHÂTEAUX EN ECOSSE

'Lauchin at the puffin-lowe.'
I mind her yet, bou-backit owre the ingle,
the deid auld body o my granmither
croonin to the coals unkent words.
'Puffin-lowe'. The winter bleeze
laucht back at her Lallans.

'Fit saw ye there?'
The poker duntit on the coals in time.
I maun hae dwaumed at her speirin yon
and was drouned in the hert's bleed o the ingle-lowe.
I couldna jalouse the jingle was an orphan
that found a hame in an auld wife's tongue.
It nott a bleeze like yon to gar it speak.

'Aa the widden-dreamers.'
Whit did she mean? It was her deid forebears
and mine makkin rhymes frae the fire's
waggin tongue, workin fowk, the foonds o history,
that dreamed o an end to their crubbit lives
in the reid-het glamoury o the coals.
And forby, it was mebbe me, then and nou.

'Biggin castles in the air.'
Frae hyne awa I hear an auld body chant
a kinna death-sang to the corp o a tongue.
Her grandson blaws on the cauld ess to kinnle,
châteaux en Ecosse, thae bit poems.

GANGSTER PICTURS

I mind the pre-war gangster picturs o the 'Belmont'*
and the 'Grandie'.† The black slap o
Hitler's coo's-lick waggit on the news reel,
and muckle boots daddit to the dird o drums.
It was aye a lauch afore the big pictur.

Their hankies cut like shark's fins on
their double-breistit suits. Their cheeks wore scars,
blae gashes the razor plooed. They smoked
bullet-nebbed cigars and when they puffed
menace was a white reek in the air.

I mind their sub-machine guns hubberin
thro umpteen states; the boombs the made o banks,
the bleedy mail they postit thro the doors.
They swankit thro the sma 'oors swappin leed.
(The blitzkrieg hadna waukent in Hitler's een.)

Douce as bankers, they met in skyrie back-rooms
o the best bad taste. Ice-tangles o
the candelabra chittered owre the czars
wi fremmit names: Dillinger, Lepke, Capone.
On their agenda was a lang leet o the deid.

* The Belmont and the † Grand Central, former popular cinemas in Aberdeen.

They were the true killer bourgeoisie,
like rat-gangs feudin in the shyte o sewers,
their instincts, the trigger's levin-fire.
Thro their empires had the stink o killin-hooses
in the end they were streekit oot on slabs.

Baby-face Nelson, Dutch Schultz . . . Murder Incorporated—
a sma bit steer. They hadna Hitler's goose-steppin steel.
In the mirknin o his heid the camps' lum-reek,
the pouther o the Jews, and the horizons'
immense ashet, ram-fou o deid meat.

FRICHTFULNESS

Your smile was a fire-flaucht war, fraulein,
I couldna fecht wi that.
        Still . . .
Ye bizzed aboot the school,
a steery, blond-heidit bee.
Your lebensraum
was for makkin friens.

Ye tholed oor Burns' supper
        oor Januar mass,
        (here we stech oorsels wi kultur)
Swippert your queets in the echtsome reel;
your tartan hooched
        (aa its lane)
        among the mini-skirts.

Scotland, a ten day skail-win breenge.
I hear your Volkswagen blort
alang the roads
fae Wester Ross to Embro.
The landscape broke afore your thoroughness
sma ramstam storm-trooper.
        (Dinna be coorse,
        the war's owre and done wi.)

Aince I saw ye tho,
the strae hanks o your hair
kaimed ticht in a German bun.
        I thocht o—
strappin quines heilin Hitler's widden-dreams,
sonsy meers for the German Reich.
        (Ach, sneck up,
        it's nae her wyte.)

When ye cam to pairt
your een were fu o—
        'Mein Herz ist schwer'
        Fare-ye-weel.
The past's a bealin
that disna mend wi smiles.
        I
smittit ye wi Auschwitz
and the Jewish reek.
My thochts, a gas chaumer,
wi you inside and smilin still
afore ye were smoored.

Frichtfulness has nae fatherland.

KEEKIN-GLESS

I stand abeich. Aye I dinna need ye.
My bruckle bit gless has the self-sufficiency
o a sea.

I'm never lanely like fowk. They canna
thole the doun-brag of their sels ava
and turn to the wa.

Somebody maun see them or they'd growe wud.
They hanker for me aye, sae's I micht haud
them like their mithers did.

I'm their stage. Faces prink on my gless,
a smile, a sklent, tout-moued for a kiss . . .
And losh! Venus fills my space.

Quines preen in my plat watters and heist
afore me the sleekit bouwl o a briest
aften when we tryst.

I hear the hert-brak o their grouwin up.
Peety hae I nane when in the moon's dern grip
their een they wid hap.

Runkles and cauld grues float in my deid sea.
I brak faces that were mindit to flee
the weird they maun drie.

I'm nae hidie-hole. Best nae couer alane
in my boss eehole or I'll turn to stane
the ego ye wid hain.

Ye'll gang gyte for I'll ding ye in twa.
Ye'll nae ken yoursel fae the sel that ye saw.
'Whit am I ava?'

Gin ye'd be haill ye maun first be free
to rug aff the fause faces that ye see.
Syne gie your truth the lee.

SELECTIONS FRAE 'BACK-GREEN ODYSSEY'

1

The sun's oot. I sit, my pipe alunt and puff.
The claes-line's pegged wi washin. They could be
sails. (Let them) Hou they rax and thraw, and yet
caa naething forrit. Gress growes on my deck.

Thro the wheep-cracks o my sails the blue
wine o the sea is blinkin to the bouwl rim
o the horizon whaur my classic tap
the Berwick Law hides oor nothrin Athens.

Nae watters for an odyssey ye'll think
whaur jist tankers, coasters, seine-netters ply.
Still ablow this blue roof and burst o sun

my mind moves amon islands. Ulysses—
dominie, I cast aff the tether-tow
and steer my boat sittin on my doup-end.

2

The central belt unbuckles on the sands.
The only reek here is the cloods; the croods
are swaws that brakkin, skyte quicksiller baas.
The view is bigger nor Glesga toun.

The air is cowpin pints and nips for free;
the sun's a bargain, cheaper nor Majorca.
Fowks swap a peely-wally white for broun.
like chips, wi troosers or bikinis on.

They tak a dander oot at nichts, or jig
on the Folly; hing aff the pier for fish;
sheet at targets for Hongkong trok. But still

fowk hae a duty to enjoy theirsels.
Aulder nor the thrum o the transistors
the sea is duntin cymbals to the moon.

3

I saw ye Penelope hingin oot claes;
a lang deem, lookin as gin ye didna
ken ye were lookt at; your brou frouned runkles
and your mou set like a dour horizon

like the times ye tell me I'm hyne awa.
Then, naething steers me to the stars o your een
and the silence is hotterin wi the bile
o auld wars (twice as lang as dung doun Troy)

You are the lang island I come hame till
in the beddit dark when I see your een,
the only starns the pit-mirk hisna dowsed.

The herbour crooks its airms. Tethert I lie
at last. I listen. The soond o the sea!
I smell its tides forgaither in your souch.

4

My main deck is a green. Near the foreheid
the kitchen plot. I am weel stockit wi
vittles. On the starboard gunnels, flouers
and bushes whaur the birds tulzie and skriech.

I sit here, the captain and the haill crew
and keep my sun-birsled watches dwaumin.
Whiles I scour the sky-line, whiles I scart a line
in the log-book o my tethert vaigin;

the sea has a blue doze; a raggit skirlin
o bairns rises frae the beach; a sea gull
peenges like a wean and oars air back.

I canna read my Homer in this sun.
I feel the reid meat of my body plot.
My odyssey is jist a doverin.

5

The haar-wa at my pailin stobs! I think
o that skeely skipper Sir Patrick Spens
nae ten miles aff Norway in a mirk lyft
when he began his last fecht wi the sea.

There was nae priggin wi Poseidon here.
He strave wi win-bufft watters and the skirls
o coort ladies plyterin to their deaths
amon silken falderals and feather beds.

A rickle o wrack-wid showdin on the faem
and Frenchy hats nid-noddin withoot heids
and weemin wringin hands on castle waas.

His makar was a kenless makar chiel
that sang this ballad odyssey. It smells
yet o haar, a foonert ship and Ithaca blin.

6

My sunflouers face the sea, a burnt sienna
in their herts, and wi their petals scouthert
a bleed-tashed bronze, yalla lowp o the lowe,
suns, hemmert in the smiddy o the sun.

I smell on the deck whaur the last flouers bleeze,
the blue reek o September's stibble burn.
Month o the pyres! and the ess o the deid
mells wi the hell o tubers and tap-reets.

I feel my erdfast boat brak up in bits
o wizzent leaves and shaws and bruckle stauks.
Aa the yirth's fushion has dwinnled awa

save for yon late suns that heist up their fires
still, thro aa the deid-thraws o the season
and let their greeshoch skail on the black grun.

7

Streekit ahint the winbreak I let
Homer drap. The print jobs my een. Instead
I watch a sma green-like beastie craalin
owre the blindrift of summer sun on the page,
that sang o him blattered by Poseidon*

owre the levin and whirlypeels o the sea.
I watch this sudden drappin frae the air on till
the hexameters. Whaur was his Ithaca?

I felt like the yird-shakker himsel then,
heich abeen this nochtie o a cratur.
I let him streetch his pins a bit. A god

can byde his time and wyle it tae, whit's mair.
Atween ennui and yokey fingers
I skytit him aff the page. Yaawned syne.

* Greek god of the ocean.

'AT THE HEICH KIRKYAIRD'
A Hielant Sequence dedicatit to Forbes McGregor

1 PASSIN BEINN-DORAIN

The bens camp by the road-side.
I see their bald tents forby
on the sky-line hyne awa.

The cars birr north.
Or park. The gled
frae his mid-air watch
studies yon file o gollochs.
And fowk get oot and streetch theirsels,
and wyre in to their sandwiches,
tak the view in
and read the news o the world.

It's aa cheenged Duncan Ban;
the aixed wids and the thinned deer
and the fowk that traiked wi their tongue
and their bits o gear
and ate the saut breid o exile.
Aye, it fair gies the een
mair elba-room.

Wha's listenin?
Whit's there to listen till?

The muckle lug-hole o the glen
is cockit still for a music further back,
Moladh Beinn-Dorain,
a pibroch o a mountain,
and you
makkin it wi praise.

The road's a spate o metal.
I pint in homage to the poem
as we threidit oor road
thro its themes and variations.

2 GLENCOE

By the door-sill o the glen
a piper in Stewart tartan
ae fit forrit, the tither ahint
cuddled the wheezlin wecht o his chanter,
cockit up his heid
and thro three craggit drones
skirled fit to burst.

It was a Hieland handshak we got
afore we gaed ben
to the blue bield o the glen.

Mile aifter mile
oor wheels scouthert
the tarmac's tarred carpet
and left ahin us
the tash o bleed skailt
in the lang-syne lowpit snaw.

3
This
is the ither debatable land,
whaur loss like greetin gaithers
alang the tear ducts o centuries.

But it's nae tears I wid hae
but the gleg-sichtit cruelty
o the hackster Cumberland,
harder to come by still.

To see in the moors' death-dwaum,
the lairichs o biggins
—cairns for the exiles—
and herdit in its laager
the speak o Eden . . .
the target
o oor ain wappenshaw.

4
I sit on the mealy sand
in a cuddle of rocks.
My taes pint norwast owre plat watter
whaur Rum, Eigg and Muck,
three shaddas simmer.

I open Voznesensky's translatit bible
'Antiworlds' and find a text
at the first aff-go
—a lucky forecast for a holiday—
'Give me quietness and peace.'

5
You'd get it here in Moidart, Andrei,
you and your lass baith. The sea aye

keeps a calm souch. Even the bairns
at their ploys keekin owre the cairns

o sheep-chowed ootcraps canna brak
the stillness that comes swooshin back.

Aa soond is muffled in this blue pend
o a lyft that raxes for miles to its bend

and tryst wi the sky-line. Here your sweat
weets your chest hair wi its seepin saut.

Your bare-nakit steppes o skin and bane
are thrawin on the skewer o the sun.

Prie nou like vodka your body's ease
the swawin o its motions like the sea's

ebbin and flowin. Here your raivellt nerves can heal
wi ilkie sensation that you feel,

till in the end ye steek your sun-straikt een
mellin your breathin wi the aifterneen.

Your bible draps, owre heavy frae my hand
and lies, your face up, smilin frae the sand.

6

> For God's sake have a heart!
> Where are you taking us?
> Vosnezensky, *Georgian Roads*

Frae Ardgour to Ardtoe as we
drave owre yon single track
I thocht o the roads ahin oor back
and wid we ever reach the sea.

Oor auld A40 caad awa
thro yon stany moniplies,
chowin its quartz and chuckies gies
it a beezer o a belly-thraw.

Twists past peeny-roses,
hingin blood-reid bandage fauls
on bushes, and bog-cotton baals
o spittins, whaur peat-bree dozes.

Whiles the kink's a lang straucht,
some Coonty Cooncil's howkit thro
the weive o heather. Syne the clew
is tint whaur birks and bracken focht

to keep their close-nieved haud; aneth
the short midsummer mirk
we brak the silence o the kirk
they biggit owre's, then haud oor breath

as Sunart splinters into view
its bits o brooches; nou a keekin-gless
for the hills, and on thro ferny toomness
pechs oor black bummer in its stew.

Will Ardnamurchan never end?
We're four stounds in a metal box
Is that the sea atween the rocks?
God, here's anither brak-neck bend!

Ye coukit frae a cloot-white face
my dear. Mind? Ye were like to dee.
The three's o streetched oor pins to see
whit it was like, the place.

Endit nou was the belly-thraw
and the miles oor wheels had birled.
Ye pit doun a heid that dirled
and I cried 'Thalassa!'

7

There is ae silence for Baudelaire,
whaur in his pit-mirk, naethingness
is his grun in aa the airts
and he listens in for the wudness
souchin whiles thro his heid.
And ane for Leopardi,
whaur frae the hill-tap
he picturs till himsel
thae silences abeen aa mortal ken
and the foonds o stillness
till aa thinkin fooners
and shipwrack is bliss in sic a sea.

Mine is mair hamely.
I sit on the ashet-rim o this broun pool,
its shallas fu o clood shapes and the lyft.
A Hieland coo stands stock-still
in its black seck o shadda.
I feel my heid gantin like a joug
that drap by drap fills up
wi aa the silence I could haud.
And syne when I was rim-fou
the spilth was skailt owre Ardnamurchan,
alang wi bools o sheep dirt, mussel shells,
the white keel o a seagull,
and the moors, on their heathery mattress
sleepin soond.

8

Amang the mussel shells dung open
by the knappin hemmer beaks o the gulls
I boued doun and pickt a sprig o bog myrtle.

I pit it in my hand and ground it.
Syne sniffit the bittocks I had milled.

A sensation o syrop in the neb,
kittle enough to catch,
owrecam the neutral smell o skin.

I had a nievefae o the moor
stackit for good
in my stock o earth smells.

At odd times
when I tak doun the sensations
I get a faint whuff o gowd
and for a bonus,

a bit o moorland thrown in,
and ae Highland coo
wi horns like hunnle-bars
that gawkit at the haill transaction.

9

Styterin up thro the crackit parchment
o the bracken-theekit tracks,
bell-heather and eemocks, ye said,
'It's sniper's country.'

And ye were richt.
Ae flintlock could gar the dragoons' reid files
skail sweerin thro a fremmit moorland
when clachans were killin-hooses
for English bayonets and the voice
o the Cockney was heard in the land.

Was that to gae back to *Kidnapped*,
to the reekin justice on the brae-face
when the Reid Tod deid
and Embro law was paper
nae worth a docken?

Is there owre muckle deid-sheets
wappit roon this mummy,
this Hieland Pharaoh,
that smoor the truth—
the diaspora o the Gael?

Was their loss a handsel
they peyed in bleed to the state
that penned them in their shielins
aneth a southron law,
drilled muskets and a shot at genocide,
while the lave were skailed owresea
wi their bits and pieces
and a culture craized?

Yet this death defies the streekin-boord
while McLean, Thomson and Campbell Hay
forge in the smiddy fire o language
the air-borne horse o poetry,
and the hert-lowp o sang
kittles up their music.

My feet on this knock
abeen the quartz road
I finger my thrapple.
this land weers its past like a gravit.
Braw tow.
To thraw your neck wi.

10
Whit road d'they get my dander up
yon English voices?
This is nae Poland, nor are they Nazis.
Yet they get in the mind's een
like fremmit bodies
that blear thinkin.
Are they like midgies
hotchin in the air,
a sma bit deave, a reid preen-stob
that TCP'll queel?

Or are they howkit gashes,
the bealin o centuries
the union's stickin-plaister canna heal,
that in the end rot the ill body
o the commonweill and leave on Europe's gousterous edge
a wizzent colony
wi a foosty Romantic guff?

Wha's wyte is't
that we are a people broken-backit,
the hand fushionless,
in twa minds ever?
Oor history a rippit screed,
oor future a fit o the swithers.
O to be as certain sure
as Lenin's 'who whom'* —
slogan, scalpel, shakker o the foonds.

11
The vicar's wife said;
'In the village shop of course
they spoke Welsh. When we gave our order
they all stopped speaking. It was strange.'
They cairriet the wecht o their culture
on their tongue, a lichtsome load,
a knife butterin breid.

* Lenin's famous phrase summarising the political differences between the Bolsheviks and the counter-revolutionaries.

'Have you any milk please?'
the eerand wheesht their Welsh
and in the silence history spak.
They were back on the marches,
the saw-teeth o their hills streekit oot
amon sweeties, tinned food and post-cairds.
Did *she* feel the message in her tongue
as they did theirs.
aa o a sudden
a deid wecht nou?

12

I sit on this sheep-ruggit boolder.
My pipe reek gets raivellt in the air
and traps in its kinks the lyft,
the sea, the sky-line and becomes them aa.
I sense that Aatumn's in the air this set o day.
I prie it and yet canna prieve it.
It's whit the licht maks wi sleekit watter
and the gloamin and aathing on this skelp o earth.
stane,bush,sheep,tree; and forby, fowk danderin,
the tethert tents, the steekit cars . . . And yet
mair nor aa this either, this faimly the mind
maks oot o the merraige o the senses,
sae that things that are nae a drap's bleed
to ane anither are made sib and kin.

Inside us we maun hae a clock that tells
the cheenge o season to oor haill body,
hair-thin its motions and aa but hidden
as nou when suddenly the first sma whirrs
inside the blood begin, till the 'oor striks
and Aatumn is the time your body tells.

13
The moor is a heich kist.
I clim up till't, up
frae the quartz chuckies o the road.

The sheep munch their tracks
whaur stany nieves
offer scabbit fodder.

I dinna ken whaur I'm gaun;
the airt o my feet swithers
amon the bleached curlicues o reets,

aik scrunt and the sponge o bogs.
I raik aboot the lid o a deid-box.
It seems the haill linth o Ardnamurchan.

14
The auld fowk say
a curragh foonert affshore aince,
hyne back. The Irish deid
were happit owre aneth this moor
(naebody nou can pint to their last bed)
and fowk gied it a name—
they kirsent it Ardtoe.
the kirkyaird on the heicht.
Owre their mools the earth mells
bog-cotton, bell-heather, bracken,
seggins and spagnum moss,
and the burn's collogue never devalls
devalls devalls devalls . . .
thro time, thro history
and the tide's daily sweel.
For whit is gien a name, sticks
and stands for something still.
Drouned men handselled wi their death
this neuk o Argyll.

15 HIELAND RAIN

Syne the rain.
A sma smirr jist abeen a souch.
And the landcape was the back o beyond.
Thro the spy-holes o the caravan
we watched the sun-rifted earth
sook sook to the tap-reets
and underfit, come time,
the clarty soss o dubs.
The trees alang the roads
shook spirks fae their umbrellas
and on the hill-taps rain cloods humphed.

It was a cauld mishanter to the spirits,
(like Davie Balfour drookit to the skin
in the bogs and doun-ding o Earraid,
sair come at and wi his feet wandert)
Was it the romantic Hielands
o Victorian painters—
burnt sienna, cauld greys, umbers,
and a dab o white (for snaw scenes)
and somewey a soor-lookin coo,
and the mist in the glens . . .?

Weel, a kind o.
Only at nicht, a watery-nebbed blink o sun
brak silver on the sea
and the air listent
to the seep-sabbin rain-draps
plump to the grun.

16

I've seen acres o moorland
whaur silence and heather
only rent the landscape,
but the titles are grippit
in ither hands.

Mebbe in the sun-birsled cleuks
(five years in an Indian hill-station)
o a wummin, a widda,
78, withoot poother and pint,
Lady Emma Glegge-Eade Tod
chappin her stick amon the Landseers,
hippit in their houchs
and never owre the door sill . . .?

Or
whit aboot Lt-Col I Byam-Cheape,
(retd) ex-Harrovian, MC at Suez,
clubs, Carlton and Tufts,
the ghost-laird o five islands?
His word fae SW5 was—
'Sell the damned lot!'
Argie-bargied aboot the price
and pooched in the end
a profit of 200 per cent.
'Acquired by an unknown owner
down in Kent' said the papers.

Whaur's the justice here
when land's like an open city,
when the commonty lang syne broken
in the breist o battle,
see their patrimony a mercat deal,
and their maisters in absentia
in the fat shires o the sooth,
makkers o blin bargains,
stane-blin to 'the hert-brak o the tale'?

Against the reiver bourgeoisie,
the English lairds,
words are thowless;
stooky committees, reviews still-born
on the pages they were scrievit on,
speirins that joukit the pith o the maitter.

In Russia Blok felt
the skail-winds o the future
blawin in his skull.
Here there are nae spaemen
Only sweetie-wives
sellin cauld kale.

17
The dry thrapple o the grun
was slockent wi innumerable gluggerins.
The summer's drouth was owre.

How long will it lest?
'Ah' he said, 'it should be clearing by mid-day.
About three o'clock.'
It was twa o'clock nou.

It was anither clock he worked till,
aulder nor oors. It chappit here
in this westrin fauld, to the thunder
and souch o the Atlantic.

The sheep ruggin gerss kept time till't,
and the baker's van that cam later nor late.
Only the bens slept on
to a time beyond aa clocks.

It had an ee for the wind's airts
and could reckon till an 'oor or twa
when a three-day smirr wid shift.

And we lowlanders,
waitin for a blue bore, jist ae sign
that the world wisna haill watter,
we fasht at history, and the cost
o twa chronometers.

But Mr McPherson,
he traikit aff thro the weet
and didna fash ava. The watter clock
dreep dreepit fae his teemd closet pails
as it moved up to mid-day in the lyft.

18

Jist nou when the summer's wet its thrapple
doots stob me. Here, I am an ootlin,
nae a drap's bleed to this haggert land
(I am a Mac but nae o their mak)
My bairnheid amon pickit granite
and streets o cassie-stanes, the lum-reek
o horizons and nor-east Scots.
The Hielands skyrie on short-breid tins . . .

Does the future throw
a lucky dice for the land
—new roads, Klondyke in burns, fish-fairms,
plate gless and discos in the straths,
and in the North, fast reactors
skailin thro oot-crap and cement
their fylt seepage and generations
o shilpit bairns?

And will the Gaelic tongue—
that girnel o poetry, sang and story
hairstit owre the centuries
be cast on history's staney grun
despite the makar's lines—
'Throw away your soft words
for soon there will be no words left'?
There is aneth it, the skirl o the slogan
and the deid-knell o the coronach.

Will oor will be done
or be like Oblomov's snod sweirty,
his een half-steekit in a lee-lang dwam?
Or waur. The death-wish that sickens
for an end we didna ettle for mebbe,
but tholed lang like a bealin in the hert;
or like Jews to the ess-pit, or lemmings
egged on by the uncanny stound in the bleed
ram-stam to the sea.

I speir and speir and syne faa mum.
I stand like a dottled spaeman
afore the blin guesses o the future.

Is that soond I hear hyne awa
the ceol mor's last hirstle
or a spang-new note
dirlin up in the hump-backit sky-lines?

ST MARK'S PASSION
dedicatit to
the late Rev A S Borrowman
MA, FSA (Scot)

St Mark Chapter 15.5

'But Jesus yet answered nothing; so that Pilate marvelled.'

1
The governor fichert wi his lower lip.
The silence had a Roman toga's hing,
cut oot o marble, cauld-rife, imperial.
The prisoner's answer was to steek his een
as if in the dirl o the dark he socht
a strinth he couldna come by on his ain.
It was owre muckle for ae man to thole 'imsel—
the aixle-tree o history, deid-deen.
Ablow the empire's eagles scraichin bronze
Pilate waitit on. Justice maun be patient.
Let 'm speak syne afore the steer o fowk.
But him, he never let dab ava,
a muckle boolder had rowed across his lips.
Try as he micht it widna shift. Pilate
could only ferly at the boolder's wecht.

Chapter 15.7

'And there was one named Barabbas which lay bound with them that had made insurrection with him, who had committed murder in the insurrection.'

2
A wheen cut-throats, the aff-scourins o the rabble
had collogued thegither in the back wynds
to tak to the hills and cut the Roman lines.
Syne to kidnap Pilate against the time
the state wid free some black-guaird assassins
waitin their assize in the thief's-hole.
They spied sun-blinks on Roman helmets,
trapped them in the pass and butchert the patrol.
Syne an ootpost was burned. But some black-leg had clyped . . .
The riot was scotched wi siller cheengin hands
and the heid-man Barabbas, tow-bound
in the stour wi his gang aside 'm.
Despite the throttle o the tow
and the plottin torture o the sun,
Barabbas, his white teeth spittin rage,
hauched his venom against the state.

'O you min-moued coonsellors,
elders and scribes, you sleekit Pharisees,
scranin for favours fae your Roman maisters
like dirt-flees in a midden, Caesar your king
and your god, yoursels. Gin they hemmer
brods thro hand and fit, let my slivver
dreep upon your beards and let me dee
cursin the fylt slime o your serpent tongues.'

Chapter 15.14

'Then Pilate said unto them "Why, what evil hath he done?" And they cried out the more exceedingly "Crucify him".'

3
'Whit ill has he deen?' cried Pilate. But him
that trod the wind-bufft watters like a causey
wheeshin them, breenged ben the temple
like a tourbillon whummlin the tables
o the money-cheengers, stood like a pailin stob,
deef, dumb and blin. Dog-tired and nae 'imsel
ony langer, he couldna lowse the yoke
pit on'm—it didna fit yet, this divinity,
and him still a man. Whit road could he hear ava,
wi his heid dosent like a peerie,
when the air stoundit wi the thunder-clap
o his doom,
'Crucify'm, crucify'm, crucify'm!'?

Chapter 15.16-20

'And the soldiers led him away into the hall . . . And they clothed him in purple and platted a crown of thorns and put it on his head. And began to salute him "Hail, King of the Jews!" And they smote him with a reed, and did spit upon him and bowing their knees worshipped him. And when they had mocked him, they took off the purple from him and put his own clothes on him, and led him out to crucify him.'

4
He was the hub o the sodgers' whirlygig
that birled him roond till his heid was dotrified.
The coort-yaird reeled in the mirligoes o armour,

geckin mous and their lauchin fit to burst.
When wi the rammy the croun fell aff
they rammed the stob-pints into his heid, hard.
Thin reid threids steekit up his brou. Brawly
they gaed wi the purple o the Caesars
that happed his shargert body like a seck.
They couldna hail 'm, pechin on his knees
so up they rugged'm by the goun's lang faulds
and 'Hail king o the Jews' they aa began
to skirl. 'Hail,Hail!' He gawkit like a brute beast
at his torturers, this tattie-bogle emperor,
his purple and his majesty bedraigled.
They raised their airms in a Roman salute
takkin the rise o'm. Syne wi a rash
they cloured his face and loutin low hauched
their spittle sae that the bleedy slivvers ran
in the gutter o's face. When aa the play
was played the strippt 'm o his finery,
pit on his ain duds syne yanked 'm oot
to humph his timmer cross to Calvary.

Chapter 15.24

'And when they had crucified him, they parted his garments, casting lots upon them, what every man should take.'

5
Jist a handfae o bleedy cloots,
sweaty, flechy, nae worth a maik.
Still, there was pickins to be got.
First the sergint bade them haud their wisht—
argyin like tinks owre auld rags, he said.
They quaetent doun. It was agreed
they wid cast lots for the orra trok.
And sae they did. There was a grummle or twa
but in the hinner-end ilkie sodger
got 's share. The sergint laucht,
'Aye lads, pairt sma, sair aa,
as my deid mither wid say
laidlin oot the soup. I'm for aff nou.
See till't ye keep a good watch.'
Wi that he was aff doun the brae.
That settled them, he was thinkin.

Chapter 15.29–33

'And they that passed by railed upon him, wagging their heads and saying, "Ah, thou that destroyest the temple, and buildest it in three days
Save thyself and come down from the cross."
Likewise the chief priests mocking, said among themselves with the scribes, "He saved others, himself he cannot save.
Let Christ the King of Israel descend now from the cross, that we may see and believe."And they that were crucified with him reviled him.
And when the sixth hour was over, there was darkness over the whole land till the ninth hour.'

6

Mind it? Och aye, I mind it fine. I took
the loun wi me. He was jist five then.
A fair turn oot like. Weel, whit ither?
Maistly tounfowk, ye ken. And the sodgers.
O aye, they wid hae needit them. Fairly that.
Sic a steer that day! Nane o his lot tho;
they had aa got a fleg and left'm.
The kirk? O aye, they were there.
Sunday claes on and hingin thegither.
Let me gie ye the lauch tho.
Twa three chiels stood jist ablow'm
oot to tak a len o'm
and ane bawled oot, 'Hey, you up there
King o the Jews! Hey you, Jesus!
You that caaed the temple doun
and bigged it up in three days,
come awa doun oot o there, mannie,
and save your ain sel nou.'
Lauch did ye say! And him nailed there
like a deid corbie till a stob, b'God.
Him? Ach weel, never a cheep oot o'm.
a nail thro your loof's nae the best
o handshaks, ye micht say.
Oh aye, the Pharisees. Weel, they pit in
their oar tee, I was tell't. Whit was't
they said nou? Something rale nesty
ye can jalouse. Let's see nou . . . something aboot
savin' 'msel. Aye, aye, that's it. He saved
ithers, but he couldna save 'msel.
Weel, it was richt enough in a wey tee.
He aye had a pick at them. Stillanon
I thocht the twa scoonrels either side o'm
gaed owre the score. They jyned in.
THEY JYNED IN.

My god, it wisna canny. There they were
dreepin bleed like a waallie
near oot o their mind wi pain
AND THEY JYNED IN. To tell the truth
I canna jist mind whit they did say.
A moothfae o ill-tongued oaths ye can be sure.
But I gaed hame syne. It was gettin dark like.
Queer yon. It hadna turned three o'clock.
Forby the laddie was gettin tired staunin.
Jesus was deid onywey come three.
Lord be here, it was a gey collieshangie thon,
I can tell ye! I mind it fine.

Chapter 15.34

'And at the ninth hour Jesus cried with a loud voice, saying, "Eloi, Eloi, lama sabachthani?", which is, being interpreted, "My God, my God, why hast thou forsaken me?"'

7
As the nails skirled less and less, and the loup
o 's hert was dwinnlin, he cam oot o the dark
o 's death-dwam intill anither, to thole
the black silence o his father's will.
God had deid. Wi his last breath he cried oot,
'My God, my God, why hae ye forsaken me?'
When the deid-ruckle craikit in his throat
the compass-preen o his body chittert aince.
pintin deid on the pit-mirk's blackest airt.

Chapter 15.46

'And he (Joseph) brought fine linen and took him down and wrapped him in the linen, and laid him in the sepulchre . . . and rolled a stone unto the door of the sepulchre.'

8
They unpreened the body, a deid-white brooch,
and brocht it hame. Wi a jeweller's finger nebs
Joseph hunnled it, the bleed fylt diamond,
—the world's unbrakkable element—
dichtin the clay-cauld facets clean o bleed

and sweat. There he lay on the streekin boord,
straucht as a peeled rash, pith-white, only the holes
in his hands and feet were reid still. The een
that had aince glowered wi an uncanny licht
were steekit in their sunken ee-holes.
The neb, a gully blade, sherpened the face.
He iled him like an athlete for the games
and matched his whiteness wi the deid-linens
he cled 'm in. Syne he made for the deid-hole
howkit fae the rock and laid him doun
and rowed a muckle boolder ower the mou.

Chapter 16.1–8

'And when the sabbath was past, Mary Magdalene and Mary the mother of James, and Salome had brought sweet spices, that they might come and anoint him.
And very early in the morning the first day of the week, they came unto the sepulchre at the rising of the sun.
And they said among themselves "Who shall roll us away the stone from the door of the sepulchre?"
And when they looked, they saw that the stone was rolled away . . .
And entering into the sepulchre, they saw a young man sitting on the right side and clothed in a long white garment; and they were affrighted.
And he saith unto them, "Be not affrighted: Ye seek Jesus of Nazareth, which was crucified: he is risen: he is not here: behold the place where they laid him.
But go your way, tell his disciples and Peter that he goeth before you into Galilee: there shall ye see him, as he said unto you."
And . . . they fled . . . for they trembled and were amazed; neither said they any thing to any man . . .'

Dumfoonert at the black mou o the hole
the three o them gaed ben. (The twa Marys kent
the sepulchre was blockit up yestreen.)
Faa rowed it awa tho? It was a muckle daud
o a steen to shift. Then they saw'm—the loun,
happed in a lang white cloak. They were gey feart.
'Dinna be feart' he said. (But faa was he syne?)
'If ye're sikkin Jesus that was crucifiet
he's nae here. He has risen fae the deid.'
(How did he ken? Still, he was nae ghost him.
Richt enough there wasnae a body there.)
'Gang your weys weemin, aff and tell Peter
and the disciples forby. He's there afore ye
in Galilee. That's the place to see'm.
jist as he tellt ye langsyne.' Oot they hytert

like fleggit sheep fae yon eerie-like hole,
their heids aa bizzin. Whit was it aa aboot?
Jesus nae deid? He was deid enough last nicht.
In Galilee the loun said. But hou did—
It was news to turn a body clean gyte.
'Nae a word to a soul mind. We'll jist haud
oor wisht. Nae sense claikin aboot yon.'
Shakkin their heids and fair pechit oot, the three
o them won hame, knockit aff their stotter
by Christ, the quarryman's eternal mell
dingin in blads the boolder o the tomb.

Chapter 16.14, 15, 17, 18

'Afterwards he appeared unto the eleven as they sat at meat, and upbraided them with their unbelief and hardness of heart, because they believed not them which had seen him after he was risen.

And he said unto them, "Go ye into all the world, and preach the gospel to every creature."

And these signs shall follow them that believe; in my name they shall cast out devils: they shall speak with new tongues.

They shall take up serpents: and if they drink any deadly thing, it shall not hurt them: they shall lay their hands on the sick, and they shall recover."'

10

Aa o a sudden there was the twelve o them
as if he'd come in late for his supper
and sat doun at the heid o the table
and richt awa started newsin. It was
him—they couldna mistak thon een o his.
Only there was—weel, something they couldna
jist pit a finger on't there and then—
something a thocht byordnar aboot'm. As usual
they couldna yet believe the news they'd heard tell
far less understand it. O he gied them a owregaun
aa richt, for their thrawness in believin,
for their whinstane herts aye deef to the truth!
Wid they ever learn? Did they hae their doots
even nou as they watcht'm for the last time
as he gied them aa, whit turned oot to be
their merchin orders. Whit was this aboot
'Gang furth into the world and to ilkie man
preach the good news'? Later on syne, 'on sic signs
shall follow them that believe. In my name

they shall cast oot deils, spik in fremmit tongues,
tak serpents up and hunnle them and nae skaith
come till them.' And muckle mair. They heard
(they thocht) his fit on the stair, and sat bumbazed
as when they heard he'd deet on Calvary.
But when they got up syne and took the road
they gaed like the good seed o his parable,
their bleed braidcast on the coorse grun o the world.

PLAINSANGS

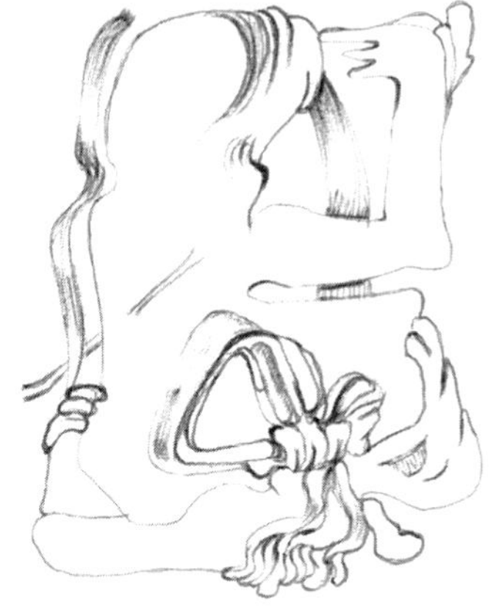

MIRACLE

I work wi deid corps. D'ye
understaun?
And gin they did staun up like Lazarus
wha's to say whit they'll say?
I mak a richt poor Christ
but I say to ye, Scots words
as he did to that bunnled whiteness
o deid-claes roon the legs, the wappit mou,
'Lowse them and let them gang.'
'This is the resurrection and the life'
saith the makar.

CREATION

Watchin the milk in the pan
gaither white bubbles josslin in a sea
aneth the reid-het thoom print
o the electric plate,
I thocht
(this is the wey my mind works)
o the makkin o the universe.
Frae the muckle birlin aboriginal fire
God—or whitever taks your fancy—
in God kens whit order, spewed up in space
a haill spleet-new cosmos.
And syne this hotterin coffee-pan,
and in it the milky way,
—the bilin milk o the stars.

SOME HERO

Whiles in daft moments I wish
I'd been Odysseus,
the gleg-eed chancer, maister of survival,
that in the end sailed hame his lang-boat
thro the blue clodded ploolands o the sea,
back to Ithaca and Penelope

keepin his ingle warm and his merraige bed,
aifter twenty year of fechtin, weemin, loot
and immortality in Homer's epic;
the Errol Flynn o Greece, instead o haein
spinnle-shankit nerve-ends sprootin fae my heid
like tousled strae; growein mair bairn-like
the aulder ye get. My biro sweats reid scarts
on the pages o hame exercise books.
Day in, day oot, I face the dour sky-line
o teen-age een, or skirlin thro the deavin wars
o the schoolroom. Some hero, some Odyssey!
And for whit?
A pension and extinction. The SSTA'll strik me
aff their roll.
And that'll be that. Mebbe, tho naething's sure
I'll scrieve a poem or twa to lest for good.
It's ae road to conter oblivion . . . Mebbe, mebbe . . .

OOR CULTURE

Sometime in 1807–1808
Beethoven oot on a dander in the countryside
heard in his deef shock-headit skull
the first notes o his pastoral symphony,
alang the burn and the birds were whusslin.

Sometime in 1926 Logie Baird first threw
his whirly images on a TV screen
like an ee blinkin, at 12 revolutions per second
and TV was born.

The day
in some advertiser's drinkin den
a gimmick fell pregnant in the fag-reek
and a merraige was pit thegither o music
and technology, and their first bairn
was a mercat product—a plastic tub o butter.
Next time cock your lugs
at Ludwig van Beethoven
and John Logie Baird
knockin their pan oot
floggin Blue Band margarine.

AND WHIT IF I NEVER READ DANTE?

My books staun in upricht raws.
But the unread anes fash me; they keep
glowerin at me.
Chekhov, Rilke, Pascal,
St Augustine, Carlyle, Dante;
some classic wines o Europe still uncorked.
Bit whit if I *never*
read Dante?
Never even sip his hell-fire brew?
Age, agein and damned sweerness besides.
(I've lang since passed the mid-road
thro the dark wid)
I've twa hells to thole
growein aulder, blinner,
baulder, mair ill-nettert,
still winnerin gin I'll tak the gait
wi Dante at my elba, pickin oor feet
doun the corkscrew stairheids
o 'La Divina Commedia'.

I THINK JESUS WOULD HAVE BEEN AT IBROX

(Scottish minister)

'Jesus at Ibrox'? Christ!
I can jist see the saviour o the world
staunin in the terrace in his Jewish goun
raxin his hands ower that toozled sea
o Union Jacks and scarves and cairry-oots
and cryin 'Peace be still'
Of coorse,
he'd be joukin the halo o screw-taps
roond his heid.
Next on his knees, tastin his broken teeth,
while 'Peeth be thtill' kept bleedin fae his mooth.
And then the boots gaed in, his body kickit
like a tanner-ba in some close-neid game.
O aye boys,
Jesus widda been at Ibrox, I'm tellin ye.
He'd hung on Calvary aince, hadn't he?
He kent the score.

INSOMNIA

I leave ye, your hair snorled in sleep
and hap mysel up on the settee.
                    Ootside the sea bums
like a factory churnin saut. The rain sabs
on the winda pane. I canna get to sleep,
tho I've tane a sleepin peel. I listen
to the nicht life o the furniture.
                    The clock's
a seamstress, steekin up the nicht's black claith.
The fridge rifts and syne souchs. The wid
in the side-boord craiks wi rheumatism.
                    I canna get to sleep.
My nerves are on the nicht shift
wi the sea, the cloods, the wind, the starns.
I wait and wait, feart at the daylicht
bleachin the curtains. I twist and turn
on the rack o the pilla
till the peel steeks my een
and my factory beds doun for the nicht.

A HAND-OOT

Aince in Alexandria—it was in 1945—
on the stravaig, a halflin matelot, on my ain,
I met the dog-pish guff o the east
smittin the air o this toom boulevard.
There I cam upon an Egyptian beggar,
a one-airmed black bunnle hunkered by a wa.
The hand was a wizzent cleuk held oot for alms.
I couldna tell the sex. It sat deid still.
Comin back the road later there it was,
this beggin seck that hadna ony luck.
Pit-mirk ahin pit-mirk squattled in the stour.
Could twa three piastres gar that darkness skail?

AT TEA-TIME

Comin hame fae school aince, I met
a spleet-new corp, a square-made, grey-heidit man,
a workin man, on the kerb stane
next the Clydesdale bank.
Bleed was growein near his left lug.
His mate knelt owre'm, syne lookt up
and said 'He's deid. I'll phone the doctor.'
                    It was a waste o time.
His pump had stopped for good.
Jist aboot half-past fower in the aifterneen
                    he droppit oot
o time and history into naethingness
                    in his workin claes.
I lookt doun and couldna come up
wi ony thoucht that could tak the measure
o the man or mak ony sense o's new sleep.
Three o's had some work humphin his cement
into the manager's office. A ton wecht he was.

He'd gotten nae tea that nicht.

STIRLINS

I watch the stirlins stottin on the back-green.
They smell their brakfest thro their cleuks.
And when they stob the gress
their nebs hemmer like necessity.
Hungert hooks maun grip
the weet twirl in the mools.
The blin worm maun thole its blin weird.

AT JECK'S FUNERAL

I wid say there was aboot, oh mebbe,
thirty fowk or so
at Jeck's kistin that spring aifterneen—
his ain fowk, brither-teachers, an ex-pupil or twa.
Nae that muckle for a man's end.
When we cam ben into the world houever
there's jist ane or twa, a doctor and a nurse, like,
and a roof owre oor heids.
Still aabody's
beddit doun for good in the mools
and sae it was when the chief murners
let the tow doun and settled'm at last
on his timmer mattress.
I'd hae ye ken there was a dou there as weel,
the wee blue grey hemmer o its heid
knap knappin amon the kirkyaird gress.
The sunlicht was winkin on its neck feathers'
emerald gravit.
And forby, up abeen and oot o sicht
a laverock sang
heich, heicher—
watter music dreepin fae a full joug.

FIRST SNAW

The sair heid o the first snaw
yon Setterday mornin!
Bairns were sledgin doun the links' brae,
timmer thunder rummled fae the mealy grun
as they breenged doun, their bleed
dirlin like the runners.
They had nae een for that white happin
that fell in the dark and made the earth
an oot ee-hole.
At nicht runkled frost risped aneth my feet
alang the skytey pavement. Only the full moon
heistin the circle o its shield
ootglowered earth's blin gaup.
I dandered oot
atween a heich, snell Perseus
and the Gorgon's snaw-blindit ee.

PRIMARY TEACHERS

My primary teachers o the Thirties
maun aa be worm-eaten skeletons by nou.
Aa weemin they were.
                    The early snaw in their hair.
They tholed impetigo, flechy heids, sickness,
and bairns that couldna pey their books—
                    their fathers were on the Broo.
And yet they did learn us, yon auld wives.
We chantit tables like bairn rhymes
to keep aff the inspector or the heidie.
And when we spelled the classroom skriechit
slatey music fae oor soap-scoured slates.
Their scuds were murder—the Lochgelly soond.
'Don't turn on the water-works' they girned.
                    (They spoke English)
They kent naething o Munn and Dunning
but in their fashion they were as teuch
as gauleiters, ramrods withoot briests.
They did their TCs prood.
                    I salute ye nou,
Miss Smith, Miss Tough, Miss McIvor,
steam hemmers somebody maun hae loved.

BORIS KARLOFF

I aften thocht as a loun
that the greatest actor o them aa
                    was Boris Karloff.
He aye cam to life in a sotter o test-tubes, twirly wires,
lichtnin, spooky chords and a grue up your spine,
as the muckle ee-lids slid back like saucers
and the shewed-up scar-howkit swatch o a face
made the sma hairs prickle on your neck.
Ye cooered doun on your thripenny seat
fair feart to be feart and yet likin it.
He seemed to stink o the kirkyaird mools
as he hirpled on his shauchly leg
thro slices o shadda and eerie licht.
And when the great cleuk o'm rose up
to clour his victim, the fiddles tore their guts oot
wheengin wi terror and the haill pictur hoose chittert.
                    Of coorse,
it was aa a bloody con,
made up wi dads o grease paint and lichts
and paddit shouthers and boots like iron-clads,
                    the sleekit cosmetics o the damned.
A swick to fleg school bairns
spendin their Setterda thripenny
in the Hitler-ridden Thirties.
                    For aa that I say,
O rare Boris Karloff,
son o Mary Shelley and Metro Goldwyn-Mayer!

MISCELLANEOUS POEMS

BIGAMIST

Poetry's my second wife.
For 'oors
I sit wi her ben the room.
I hiv to listen;
she's got a good Scots tongue in her heid.

Oor merraige is a lang scuttery tyauve
on white sheets. Sometimes
she winna come ava. I'm fair deaved
wi the soonless claik o hers.
'Listen to this' she'll threep for the umpteenth time
The next minute (or day) it's 'Na,
na, I didna mean that ye see.
Whit I meant was . . .'
God dammit, wummin,
my heid's fair bizzin.
I canna come speed wi my work.

And you?
You'll be knittin mebbe,
finger nebs like fechtin spiders,
you and your sprauchle o twa quines,
glowerin at the TV.
My exilt faimly in the livin room.
And me?
I'm cairryin on wi anither quine;
a limmer, a jaud, a
bletherin bitch.
When your heid keeks roon the door
and ye say 'Supper-time',
ye gie a bit sklent at the sheets
whaur she's lyin, and I see on your mou
a bit smile, jist that bit look
that says;
'My shot nou.'

I' THE BLACK DARK

I' the black dark o the bed-room
the muckle ee o God—
Him that sees aathing—
looks doun
on twa bodies
his thooms drappit,
rib next rib.

Aipple ye are, and
lang-leggit slidderie worm
Eve-deil.
I straik your fruit,
skin whaur the serpent couers.
I tak the first bite.
Adam, dammt!

I'm smittit
wi the pest in ye.
I growe worm
and aipple baith.

He watches
twa worms touslin.

Good or ill
we ken neither.

Like beasts,
beasts o the field.

Wi the sweat o oor brous
we earn peace,
oor nicht-darg owre.

Swaalowin ane anither,
in oor book
is naebody's wyte.

TV DRACULA

Daylicht stobs his een like skelbs o broken gless.
Amon moose-wabs and rottans he sleeps his sleep
in the kist, his eerie palliasse, till
the moon's ring is weddit to the nicht.

A white cleuk growes oot o the kist lid
and the vampire count rises, his black cloak
swirls like a thunderclood. His cat's een leam.
He flexes his jaws. His are stervin for necks

to slocken his drouthy veins. He sweems the mirk.
Country fowk cross theirsels; the nichtit cab
birls for hame. Abeen the wids the bat sheels
back air. He snuffs flesh thro an unsnibbed winda . . .

He had kissed the girl's hand in the village howff
but a black cross fleggit his een.
Nou, her neck was bare. He sank his teeth like a fork
and supped his fill. It was his late breakfast.

The nicht is fu o necks, his meat and drink,
they are smittit wi his fangs for ever
wi the curse o the undeid. Only the crossed airms
o the crucifix and the pint o the timmer stob

can mend. At the set o the moon, the laird
o the bats lowses fae his nicht-darg
and cheeps for hame, his stint o evil owre.
A cock skirls in daylicht. The kist's ee-lid shuts.

HAND

It's a delta o functions
aeons hae soopled.

And a map
runkled wi high roads.

A cleuk forby
I share wi the beasts.

And a barescrape
wi a skiftin o hair.

It has the face's weather,
its stretch o moods;

It can straik love
and thraw thrapples,

or be lowsed
in dreichness or soond sleep.

Its finger nebs
snuff the skin o the world—

flouer, stane, wid, metal.
The things, oor neebors.

Brigs it maks
oot o handshaks.

Blinner than the een,
it fichers in the dark

for the airt o things,
door sneck or shouther bane.

When the condies o the body
stop their pumpin

the hands lie on the briest
cuddlin their tool-bags.

Three Tree Poems

(i) RODDEN TREE

In a neuk o the gairden
the rodden tree sproots,
a hingin armoury
o spear-heidit leaves.
Rodden berries o hard bleed
clot amon the spear heids.
Green and cramasy fend the hoose
and aathing inside and oot
fae the pirn-taed bogle, slater grey,
fae the beardit witch wi the claw-hemmer neb
fae aa the cronies o darkness.

The foonds o this hoose will never cowp.

(ii) UPROOTIT FIR-TREE

A boat has foonert in the fir wid
amon the fern-bushes, the yowies' thooms,
the Sargasso sea o drookit grass.
My feet and hands howk and cleuk,
my body showdin alang its beddit keel.
Aince a tall tap-mast
that took on the winds and gravity
for years and won.

Its reets, neebors to the worms.
are nou a skirl o shargert airms,
snappit tow o fibres
dumfoonert at the licht.

A nether world stares me in the face.
A jaggit circle,
a doup o mools and deid tap-reets.

(iii) A TREE IN ORKNEY: STROMNESS

Clock, sang-school, spinnly hand. Fae the winda,
near ten year I watcht ye be Atlas to the lyft
o Orkney—a brig o blue, a bilin
o blae cloods. And ablow ye hens noddit.

The seasons jowed their fower bells in your kirk.
You were the heichest roof in the haill toun.
A blackie on your tap-mast branch could sing
till a sky-line ruled by watter and flat parks.

Spring buds jabbit the air, the frost loupit.
In summer your leaves fattened. Syne the birds
pleept in your twisty groins. At the back-end
atween your strippit nieves the ness whitened.

Ye tellt the years; births, merriages, deaths, wrecks,
blindrifts, friendships, poems . . . Memories like
rings o your age are wappit roon ye, Viking mast
o the grey earth-fast langship o the toun.

BEETHOVEN'S CHUNTY

Picture to yourself . . . a rather ancient grand piano . . . Under it—I do not exaggerate—an unemptied chamber pot (Baron de Trémont on a visit to Beethoven in 1809)

'The chaumer's like a muck midden.'
And he steppit atween the gutter-hole o the fleer.
'It's a gey and queer rain, gin it be rain.
Herr Beethoven
maun hae a deef neb, forby.'

Brakfest and denner on the cheers.
A sark plytert amon the soup.
Sippin the fat
the flees joukit in and oot the soss.

On the top o the grand piana
a smirr o stew.
Note-books. A jumble of blads;
sang-notes breered amang the staves.
'The makkins o a sonata?
Mebbe a new symphony? The seventh?'
The baron near fyled himsel to speir.

Aa o a sudden he saw't.

'Losh be here!
The chunty's nae been teemed.'

it stood ablow the piana
as hamely as a joug on the brod,
as the leavins on the ashet.
He'd sat on't, he'd birsed.
It had saired his turn.

A body eats and drinks and kichs.
In atween times there was airels in his heid.
A place for ilkie thing,
ilkie thing in its place.

The Baron wrote hame—
'I do not exaggerate.'

He wrote truer nor he kent.

MY LATE SPRING

Makkin's like the grouwth,
thrawn.
I shoulda sawn earlier.

I mind on Horace wi his—
Solvitur acris hiemps . . .

'Snell winter lowses its haud,
it's the voar's shot nou
for braw weather and the wast winds.'

And me?

Speugs hae been at the ingan sets,
the fog-horn stounds,
a lane bird sings a dreepit solo.
Aathing's ahint.

It's my kinna spring
caulder in Lallans
than in Latin.

'Nou Venus and her bonny quines
aneth the skinkle o the moon
dirl on the yird,
ae fit and syne the tither . . .'

My Graces are doun-moued,
my nymphs, a scunner,
my god Pluto (colour o leed)
my leid, deid (colour o Lallans)

I shoulda seen earlier
I shoulda sawn earlier.

I mak whit I can
wi Pluto, blae laird,
his horse,
dour black brutes
plooin the pit-mirk
nearer my mind

nor Persephone, late lass,
upskailin thro my barescrape

late flouers
late poems.

ON THE RAN-DAN

A puckle deid cam back fae the kent places
o eternity to Marks and Spencers.

Their Sunday rig-oots were made
o pure essences.

Croods hog-shouthert them,
but cled in the gear o abstractions

they never fashed their thooms.
It was jist like hame.

When a loodspeaker tootit
like a horn, they kent, like,

it wisna Gabriel. They gaed up
the escalator like a fuff o reek.

Aa wey it was the same,
a josslin o atoms.

Dod Christie their heid bummer
said to them on the street;

'This is hell boys. It's owre muckle
for flesh and bleed.'

And God's brou runkled a thocht
as they dandert owre the door-sill

o the blindrift o the beyond,
dichtin their feet on the bass-mat

that never needit a shak.
And God turned fae his ingle-seat

and said;
'Lord, it was a gey cauldrife hole, this,
aa by mysel. Nou next time

ye gang oot on the ran-dan
pit tee the sneck. Awa to your beds nou!'

And God toastit his nippit taes
at the white lowe o eternity

and settled doun for the nicht
readin the good news.

SETTLIN TO WORK

White, ye scunner me!
Twa month awa fae ye, twa seepit month,
and back to this,
this page, landscape o Siberia.
Ach weel, that'll dee at the ootset.

The laneliness I like.
The country o makkin
has jist ae hoodie craw in't—
my biro, scrattin, scrattin.

Words pit tee
aifter much silence, much switherin
rise up in raws.
But will they stand?
Will the foonds stand?

Next nicht I micht caa them doun;
begin again; pit doun my heid
and hyter thro the steppes.

A howff rises thro the tyauve
o 'oors, waukin or sleepin.

Ootside centuries ahint
Henrtson mends the fire—
'and armit me weill frae the cauld thereout.'
Afore me a handfae o poems
the hoodie's yet to scrieve.
A cauld wait.

WHILES

In the sma 'oors I hear my foonds shak
and aa the fushion in me seeps awa.

The deid wecht o the universe—
a deef boolder birlin roun in space.

I'm grouwin a hole, a sma hole
in the biggest yet that uphaulds the aixle-tree.

Drap by drap I'm teemed oot
intill a black grue withooten stars.

History's a puckle stew and aa oor ploys
jist bruck to fill the ess-pit o the dark.

In this airt the shrunkled ego chitters,
twists and turns, its falderals strippit.

It has nae face and wants a name,
fleggit at the chasms it gangs to tryst.

The nicht wind ruggin at the gable-ends
cairries its coronach to the starnless lyft.

Mirklins I listen till the clock's quick shears
snip snippin aa thro my dreich stent.

Haud me up afor I touch the boddom.
Earth's at the turn. I faa owre. Let me sleep soond.

HAAR

A white-oot o the earth?
Nearhand.

This haar dichts clean
the mairches o the lyft and sea.

Ootby in the bubblin mirkness
the fog-horn snores,
a minotaur, half-smoored.

The licht-hoose on the island
is an oot cannle.

Gowfers clour the drifts,
their shots wheech like struck spunks.
The earth has its foonds still.
Ahin them their trolleys drag
like sma gun-cairraiges,
reekin.

A motor-boat's a saw
shearin the lyft.
The gash steeks up itsel.

I stand on the chuckies,
a Euclidean pint.
near naething ava.
Big enough tho
to mak in my heid
the foonds o geometry.
My twa een rule aa the space there is.

Three bird poems

(i) SEA-MAWS

Twistin on the touzled wheel
o the settee
I hear the sea-maws
huggerin the skriech o day.

Nebbit torturers,
they keep me sleepless
wi their hubberin and kecklin.

Kweck-kweck-kweck,
they job my heid wi their needles,
they jab my ee-holes,
aa the while their white shite
tashes the reid lums.

Cursin and sweerin
as the day-daw whitens the room
I dover at the hinner-end
as yon Nazis

wi heuchs for mous
cock on the chimney heids
scranin the mornin for the brakfest.

(ii) SPARRA

Catullus, I think o you and your sweethert's bird
raxin to pyke her finger nebs, or whiles
seekin a nest in the bield o her briests.
It took the stey gait to the mirknin.
The Graces grat that siccan a bonny thing
should be etten up by hell. Or o Hamlet
quotin scripture anent God's providence
gin a sparra fell. My back-green is a table
and a trampoline. The sparra tries its pins
aifter the mavis and the sea-gull and the craw
stap their gutsy forks intill the crumbs.
Hippity-hop, dirks a grass blade and it's gane,
tentless o God's cupped hand and the Roman mirk.

(iii) **WIND-CUFFER**

Abeen the links by the war-memorial
the wind-cuffer hings
hawk-studyin

some meat that's aboot
its business, snowkin
in the hert o the rough.

The gowfers glower at distance,
the bairns skirl at the showds,
the sea braks its back-banes.

Its weird is to kill
athoot peety, athoot conscience.

In its air-flaffin vigil
it sichts its prey,
bydes its time.

And aa the aeon o survival
that whettit its cleuks,
the suckle sweep o its neb,
the fell gleg-sichted een

breenge doun yirdlins to a deid-ruckle.

AMMONITE FAE COLOMBIA (from Marina)

Like a wee bouwl and in it
the leavins o some worm
that had coiled inside it
when the earth was a stane-crusher.

When Sooth America took shape,
a puff o reek on the sea,
this stane slug ate its fill
amon ashet-braid leaves.

Afore the Aztecs, Columbus,
the iron jaikets o the Conquistadors,
this ram-horned creepie crawlie
earned its keep in creation.

It lies nou on the shelves
gaitherin the stew o the hoose,
asleep in its limestane lair
atween Akhmatova and Bulgakov.

DON'T CRY FOR ARGENTINA FOR ME

It's nae o Argentina that I mind o
aifter aa the play was played. (Their forwards
wi their hell-black manes wallopin the air.)
Nor Brazil passin their triangles as trig
as Euclid's. Na, nor ony o the goals
ootside the box, wi men haudin themsels,
and the haill line strung oot like washin.
Na. It's o Airchie Gemmell's feet steekin
a pattren on the selvage o the box.
His skeely needle threidit the ba past
three men, their legs begowkit by the phantom darner.
It was a baldy-heidit goblin scored the goal.
His shot a rainbow, airches owre his name.

DEID FUTTRET

Ae nicht we met a futtret on the road
nae far ben its death
aneth a car wheel's scorchin flat-iron.
Here death, peety and beauty met
in the gloamin by the roadside.
The aince swack airch o its body
was happit in a broun and white fur
like sand melled wi broken watter.
The cratur seemed asleep on the tar road.
The loupin heuch o its linth
had thrawed the life oot o the last rabbit.
The needles o his teeth were still at last.
Only I couldna thole to murn it lang;
its life-bleed twistit fae its snoot,
cramasy twine on the tarmac.

IN THE BATH

Deid-done wi affairs o state
I let this shargert landscape stew
in scaudin watter. My twa een
patrol la république.

Aneth this skin and bane I hear
the workin fowk o the cells,
the nerves o the tribunals,
fell judges for the 'oor.

The highways o the arteries
faur horses' hooves hemmer,
and blottit warrants tally up
the deid-leet for the blade.

Aye, bleed has been the best soap.
The state's been scoored o lice.
Nearhan. Look there, see
on the sides the orra scum.

I'm dwaumin surely. I can jist
mak oot a horizon,
a porcelain horizon.
White, white.

Ach, Racine, that line o yours . . .
'Le jour . . . le jour n'est pas . . .
le jour n'est pas plus pur
que le fond de mon coeur.'

I work for an absolute white,
a strategy like snaw.
Whit heid shall nae be smoored?
He scrieves on the draft—

'The people's will maun be whettit
to cut clean. Tho they stink thegither
like pish-hooses, I need
their scythes and bloodlust.'

I'm doverin in this steam.
Decrees can wait. I hear
the far-aff burrin o the drums.
Wha's speirin for Citizen Marat?

The washer-wife lookt in.
State papers, drookit rafts, were shippin
bleed and watter at the starn.

The reid dawn o the tricolour
was dribblin owre his briest.

HORSE

In the grass parks
the horse,
dwaumy statues o themsels.

Their lowsin time fae history—
aifter aeons makkin them,
cairtin the spulyie o empires,
plooin up horizons.

Their lugs deaved nae mair
by the iron erd-dins
o auld-farrant wars;
sweaty day-darg o ferm touns
dichtit clean for good.

Horse gear hung up for good,
the back-birn o centuries.
Nou crubbit atween pailin stobs
they lowse their rig-banes
free o the bit and the reins' skinnin leather.

Does their laneliness tichten
like the wecht o ploo-irons
in the een o the beasts?

Whiles
they caper o a sudden roun the park—
dull dumps o grass-muffled drums—
bleed gane gyte wi flees
or blinks o untethert spaces.

Syne they stop; staun deid-still,
tentless o clegs
sookin their hinner-ends

and the reid tractor,
hubberin metal in the rigs.

It has nae bleed,
nae memory o the horseman's word,
disna sweat ava,

this ily beast
that hisna a brither.

SHAKESPEARE EXAM; AULD STYLE

8.55. The hall's a bees' byke. Syne silence.
Papers drap lichtly on their desks, wechty
as the sled-hemmers o Nemesis. She's grippin
the shank nae loun or quine can jouk.

The clock hand craiks. They read the leet
o questions like a spae wife on the look oot
for a life-line. Biros begin to scrat
a slithery journey atween the blue grilles

o the foolscap. Some scrieve their barbed wire
across the sky-lines; ithers are dab hands.
Already nerve-endins are in a snorl
as black golachs blot oot a line o styte.

Heroes win half-roads oot o the foggy text
in their heids. But erelang the landscape fairs;
glaikit Ophelia's here, 'Hamlet's drouned mither'
and Caesar calls Cassius 'an itchy brute'.

Whit's happenin? 'Help ho! it's murder most foul.'
Yonder a loun's knypin on, 'Macbeth was a brave man
but a hen-pecked husband.' Somewey a lassie tries,
'Lady Macbeth was throwin fits again.'

The screeds o't! Aboot a dizzen'll bobbydazzle.
The knotty pints are unraivelled. They
swottit up their notes like a catechism,
'Hamlet suffers from a pishkic flaw.'

For the lave it's a kind o creation.
Caliban's. Near half of them hash up the work
in a twa 'oor stent. Still, I aye feel sorry
for the gypes. My biro bleeds for them.

'I am Hamlet. I ken your strategy.
Best be gomerils whiles. Mind Polonius?
Aye speirin. Styte's a sword pint ye see
to stob the guts o quizzin dominies.'

DANDER

We tak the road. The rain offers
a sma smirr fae a sky
that swithers for a steady plump.
The Gairn's broth-pot hotters atween trees.
The road alas, is never left to its weet laneliness.
Fremmit cars caa us to the road side.
I raik for nieves o quartz and pick bog-cotton
wi you ahin me like Eurydice
in your rain-coat, tan-cled phantom.
Hill burns brattle at the ditches
and gae whisht amon the bracken.
Whiles we meet the reid cloots o deid rabbits,
a pheasant, fat denner, for the hoodies.
Twa snails, like twists o liquorice
smool deid slow amon the grass.
The glen has toom ferm-touns, heather moors,
the purple shouther muscles o the hills,
the patchy siller o the birks.
History the leech,
has sooked the vein near dry.

WORD-LEET

Commas separate synonymous translations of a given word. Semi-colons separate variations of the meaning of a given word in different poems.

aa come in her right mind
aa his lane all on his own
aa the airts in all directions
aa your leen all by yourself
abeich aloof
aff-go start
aff their stotter losing the thread of their thought
aff-casts objects cast up by the sea
agee off the straight
agley sideways
afterstang sad feelings after the sexual act
aidle-pool gutter-hole
aik scrunt stunted oak
airels musical tones
air-flaffin beating the air
alunt ablaze
ashet large broad meat dish
ayont beyond

back-birn load on the back
bairnheid childhood
bale-fire bonfire
barescrape barren land
barmy daft
bass mat door-mat
bealin festerin
bedraigled bedraggled, unkempt
beglamert spell-bound
begowkit befooled
belly-thraw stomach ache
benichtit benighted, overcome by the dark
bield refuge, protection
bien comfortable
biggin building
birks birches
birls spins
birsed strained
birstle bristle
black bummer bluebottle
black leg strike breaker
blads fragments; manuscripts
blae livid, dark blue
blae-moued livid-lipped
blate shy
blattered wind-torn
bleed-fylt blood-stained
bleflummery bogus wizardry
blin bargains pigs in a poke
blindrift heavy snowstorm
blort snort
blue bore gimlet hole of blue sky
bluffert squall of wind or rain
bobbydazzle excel
bobquaws quagmires
boke vomit (n)
bool curve
born-days lifetime
boss hollow
bracken-theekit bracken-thatched
brattle a rumbling sound
braverie elegance, splendour
braws best clothes
breenge assault (n); hurtle
breerins sproutings
brent-new brand new
brod nail; table
Broo Unemployment Exchange
bruck trivialities
bruckle brittle
bullers roars, bellows
bullet-nebbed bullet-nosed
bumbazed stupefied
bumbazin dumbfounding
bums hums
burrin tattoo
by-gaein by-going
byordinar extraordinary

caaed forced, driven
caain driving
calm souch keep silent

cantrip spells magic spells
carline young witch
cast claes with clothes doffed
cauld kale het again monotonous repetition of stale news
cauldrife feeling the cold, chilly
causey causeway
ceol mor the great music (Gaelic)
chap beat
chaumer chamber
chiel fellow
chirm cheep
chittered shivered
chitterin flickering
claikin gossiping
clarty miry
clay-cauld cold as death
cleck drop (their bombs)
clegs horse flies
cleg-ridden infested by horse-flies
cleuchs ravines
cleuk claw-like hand
clew twist of rope (here, twisty road)
cloots clothing
close-heid top of a close or alleyway
close-nieved tight-fisted, mean
clour heavy blow (n); clout (vb)
cloured buffeted
clyped informed on
collieshangie uproar, tumult
collogue intimate conversation
come at reach, attain
come speed make progress
commonty community
compass-preen compass needle
condies veins (lit. conduits, pipes)
connacht ruined
conter thwart, baulk
coorse brutal, tough
corbie carrion crow
coronach dirge, lament
coukit spewed
cowps tilts, pitches
craggit long-necked
craigs crags
craikin croaking
craiks creaks
craized shattered, cracked
craw-stick stick supporting a scarecrow
crined shrank
crockanition total destruction
crubbit cramped, confined
curlicues twisty coils
curragh Irish coracle

daddit clumped down heavily
dads lumps
dander clinker; stroll (vb); temper
dauntoned subdued, overcome
daw dawn
day-darg a day's work
deaves deafens
death-dwam death swoon
deem woman
deid-box coffin
deid-claes shroud
deid-deen (done) utterly exhausted
deid-done utterly spent
deid-holes graves
deid-leet obituary notices
deid-linens shroud
deid-ruckle death rattle
deid sheet shroud
deid-thraws death throes
dellin digging
dern secret
devalls lets up, ceases
dichts wipes
ding smash (vb)
dird thump
dirl tingling sensation
dirls throbs
divert amusement
door-sill doorstep
dosent benumbed
dotrified stupefied
dottled witless (through age)
douce-like in a respectable manner
doun-ding downpour
doun-drag a sapping deadweight
doun-moued disconsolate, depressed
doup rear end
doverin dozing off, taking a cat-nap
dowie sad, mournful
drap's bleed intimately connected
dreich dismal, monotonous
dreichness boredom
drie endure
drones pipes
drook drench, soak through
drouth thirst
dubs mud

duds ragged clothes
dumps thumps
dung pounded
dung doun levelled
dunt thud
dwaum day-dream; stupor
dwaumy dreamy
dwines fades away, dims
dwinnlt dwindled

earth-fast rooted to the earth
ee-hole socket
eelicht radiance
ee-lids eye-lids
eemocks ants
een tiny particles (of salt)
eldritch unearthly
erd-dins earthquakes
erdfast earth-bound; earth-rooted
ess-middens ash-pits
ettle try to reach; aim for

faa lown fall quiet
fairheid beauty
falderals useless trimmings
fankle mix-up
fasht annoyed
fauls folds
fell ruthless
fend protect
ferlies marvels
fichert fiddled anxiously
finger-nebs finger tips
fire-flaucht lightning
flaff flutter of the wing
flechy flea-ridden
fleerin mocking, deriding
fleg(ged) frighten(ed)
flisk caper
foonds foundations
fooners collapses
forby in addition, also
foreheid prow
forfochen utterly exhausted
fremmit foreign, alien
fule foul
fushion(less) energy, physical strength; spiritless, pithless
futtret weasel
fyaachy repulsive, loathsome
fyled messed
fylt polluted

gait road
gangrels vagrants
gant gape
gar me grue make me shudder
gars makes
gaup open-mouth stare; v. to stare open-mouthed
gawkit gaze stupidly
gealed frozen hard; frozen
gecks jeers, mocks
gin if
girnel meal-chest
glamoury magic, enchantment
glaur mud
gled hawk
gleg at the uptak quick at the understanding
gleg-eed keen-sighted
gleid glowing fire
gluggerins throaty gulps
golachs beetles; beetle-sized humans
gousterous squally, blustery
gowden golden
gowks stupid fools, imbeciles
gowls deep chasms
gravit neckerchief, cravat, muffler
grieshoch glowing fire
grue shudder (n); shudder (v)
guisers persons dressed for Hallowe'en
gutter-hole drain for kitchen rubbish
gyte senseless; maddened

haar drizzling rain
hackster butcher
had a pick at bore a grudge
haggert mangled
hain hold, keep
hairst harvest
halflin adolescent
half-smoored half throttled
handsel(led) a gift for luck; made a good luck offering
hantle host
hap cover
harn-pans skulls
hash(ed) botch; botched
hauched spat at
havers senseless babbling
hawk-studyin poised hovering of a hawk before striking
heelster-gowdie head over heels
heich high

heid-bummer gaffer
heistit lifted up
held their wisht kept silent
hert-loup heart beat
het heat (n)
heuch sickle
hinner-end conclusion
hinner-ends hindquarters
hippens nappies
hippit stiff in the thighs
hirpled limped
hirstle noisy wheeze
hoch bane thigh bone
hog-shouthert shoved violently
hoodie craw carrion crow
hooin hooting
horseman's word secret word handed down by horsemen to control horse
hotchin seething
hotterin simmering
howe-hole deep hole
howff resting place, inn
howkit dug
hubberin stammering
huggerin lacerating
huggert mangled
humphed hunched
hunkers in a crouching position
hunnled handled
hyne awa far away
hytert stumbled

ilkane each one
ill teen in an indignant mood
ingan setts onions used for planting
ingle fireside
ingle-cheeks at the side of the fire
ingle-neuks fireside corners
ingle-seat fireside chair

jalouse guess
jaud a coarse, vulgar woman
jobby prickly, stinging
jobs pricks
joukit avoided, jinked
jowed tolled, rang

kaimed combed
keekin-gless mirror
kichs excretes
killin-hooses slaughter houses
kirsent christened
kist coffin, chest
kistin burial
kittle puzzling, intricate
kittles strikes up
knappin hemmer stone-breaking hammer
knock high point
knurl protuberance
knypin on working strenuously
kythed appeared, materialised

lairichs sites
lairs graves
lang straucht a long stretch of straight road
langsyne for a long time
lave rest, remainder
lear knowledge
learn teach
leam glisten
leet list
leid poem, song
levin-fire lightning
liltin singing
limmer a loose woman
linkin marching briskly
lirks folds, creases
Lochgelly place in Fife where tawses were made
loof palm of the hand
loup beat, pulse; leap
loutin bowing low
love-stounds love pangs
lowe flame, fire
lowpit melted
lowsed loosened, untied
lowsin time release from work
lug-stoundin ear-splitting
lyft sky
lynn waterfall

maik old Scots halfpenny
mairches, marches, borders, boundaries
mak a kirk etc. please yourself
makar poet
makkin composing poetry
marled chequered
matelot (Fr) navy slang for sailor
meers mares
mell mingle, merge
mell small hammer

mend cure, heal
mid-pint centre
middle-erd the world
mim-moued prudish
mirklins in the dark
mirknin darkness; darkness of hell
mirlygoes dizziness
mishanter mishap, let-down
moniplies intestines
mools graveyard dust
moose-wabs cobwebs
mummery masquerade
mumpin grumbling

nae canny unnatural
nearhan very nearly
nebs beaks
nicht-darg night work
nichtit benighted
nochtie non-entity
nott required

on' the ran-dan out on an aimless jaunt
onding downpour
ootlin outsider
owregaun (n) reprimand

pailin pailing
pairt divide, part
pan skull, head
partins crabs
peat-bree peat water
pech pant
peely-wally colourless, pallid
peenges whines
peerie spinning top
pend archway; curvature of the sky
piastres Egyptian coins
pit in their oar butted into the conversation
pit-mirk intense darkness
plat flat, still
Ploo Plough
plooed ploughed
ploo-irons metal parts of a plough
plooky pock-marked
plot scald (vb)
plytered dabbled
plyterin floundering
preened pinned
preens pins
preen-stob pin-prick
prie experience; taste
prieve prove
priggin pleading
prink titivate
puffin-lowe tossing firelight
pyke peck
pynor pioneer

quag quagmire
quaitent become silent
queets ankles

raik wander footloose; search closely
ram-fou replete
ram-stam precipitately
rash reed
raxin stretching out, reaching for
reivers raiders, robbers
rickle crazy jumble
rickly ramshackle
rig-bane(s) spine (of an animal)
rigged oot dressed up
rigs fields
rim-fou brimful
risped rasped, grated
rived tore asunder
rodden rowan
rottans rats
rough (n) rough ground
rowes rolls
ruckle a haphazard collection
rug tug, pull
rugged torn
runkled (runkles) wrinkled; wrinkles

sair(ed) serve, served
sair come at hard put to it
sair-hertit melancholic, doleful
sairin serving
sangschaw festival of song
saut salt
saut-drookit drenched with sea spray
scabbit meagre
scar-howkit scar-entrenched
scart(s) scribble; scratches
scaudin scalding
schiltrons formation of spears
scour scrub thoroughly
scouthert scorched
scranin scavenging, scrounging
scree loose stones on a hillside

screed long tedious discourse
scrievers authors, writers
scrievit written
scrog stunted bush
scuds tawses
scunner a feeling of disgust
scunnert disgusted
scuttery engaged in a messy irritating job
sea-forfochen exhausted by the sea
sea-girn fretting of the sea
sea-maws sea-gulls
sea-scunner aversion to the sea
sea-souch sighing of the sea
seck sack
seedsmen sowers
seepin soaking
seepit sodden
seeps oozes
seggins marsh irises
seggy-boat toy boat made of sedge
semmit vest
settin dancing face to face
shargert starved looking; scraggy
shauchlin shuffling
shauchly shuffling crookedly
sheels shovels (vb)
sheet shoot
shewed-up stitched up
shilpit undersized
shog jostle, shake
showdin rocking
sib and kin intimately connected, of the same blood
siccar stable
sillers silvers
skailed dispersed; spilled out
skail-win hurricane
skaith harm, injury
skau total destruction
skeely skilful
skelbs fragments
skelloch wail, yell
skelp expanse
skriech screech
skriechit screeched
skriech o day day-break
skiftin thin covering
skinkle glisten, glitter
sklent sideways glance, sidelong look
skyrie garish
skyte ricochet; send flying
skytey slippery
slater grey grey as a wood louse
slee sly, cunning
sleekit glossy; sly; furtive
slidder slither
sliver section; segment
slocken(t) quench(ed)
sma bit steer a matter of little importance
smiddyin forging
smirr light rain; thin dusting
smool move stealthily
smoored smothered; obliterated
smorin suffocating
sneck latch
sneck up hold your tongue
snell bitterly cold
snicherin sniggering
snod snug
snorled entangled
snowkin snuffing, prowling
sonsy buxom
soople(d) supple(d)
soss wet soggy mess
soss o dubs miry, clutter of mud
sotter confused jumble
souch(in) breath(ing); murmur(ing)
soumed swam
spaeman prophet
spaewife fortune teller
spang-new brand new
speak speech
speak o the place subject of local gossip
speir(ed) ask(ed) after, inquire(d) after
speirin kind of an inquisitive nature
speirins inquiries
speugs *sparrows*
spiel(in) climb(ing)
spilth overflow
spittal-wa hospital wall
sprauchle (n) sprawl
spulyie spoil, loot
spunks matches
spurtle-shankit thin as a porridge stick
squatter disorganised mass of things
squattled squatted
stanged pierced through
star-keepers astronomers
starns stars
stars pupils of the eyes
stech cram, satiate

steek(in) close, closing
steekit stitched
steer bustling movement, stir
steerin stirring up
steery looking lively
stelled gazed fixedly
stent fixed period of work
stew whirling dust; (vb) to perspire
stewartry jurisdiction
stey steep
stillanon for all that
stirlins starlings
stobbin piercing
stob(bit) pierce(d)
stobs posts
stooky made of stucco (used contemptuously)
stottin bouncing
stounds throbs; throbbing pains; reverberates
stour dust
strae straw
strappin robust, sturdy
stravaigin strolling
streekin-boord board on which a corpse is laid out
streekit stretched out
styte nonsense
styterin staggering, stumbling
suckle sickle
sun-birsled sun-scorched
sun-rifted sun-slit
sun-scaudit sun-scalded
sun-straikit stroked by the sun
swack agile, quick-footed
swash swagger
swatch sample
swawin undulation
sweein swaying
sweel rinse
sweerness sloth, laziness
sweetie wives male or female windbags
sweirty sloth, indolence
swick cheat
swippert agile, supple, lithe
swither fluctuate in mind
swithers doubts, uncertainties

tak a len o make a fool of
tak the rise o make a fool of
tangle seaweed
tash stain, blot
teemed emptied out
tentless heedless
tether-tow cable, moorings rope
teuch tough
thief's hole dungeon
thirled dependent on
thole endure, suffer
thonder yonder
thowless *impotent, lacking energy*
thrang throng
thrapples throats
thraw thresh
thrawed contorted. strangled
thrawin writhing
thrawn obdurate, stubborn
threep to insist vigorously
thrum strum
tine lose
tint lost
tongue-tackit tongue-tied
toom empty
tourbillon whirlwind
tout-moued pouting
touzled dishevelled
tow-bound trussed in ropes
traik(ed) trudge(d)
transmogrified utterly transformed
trauchlesome burdensome
trig trim, neat
trok odds and ends
tryst arrange to meet
tulzie wrangle, dispute
tumbled the cat tumbled head over heels
turn oot a good crowd
tyauve labour strenuously (v); wearisome work (n)

ugsome frightful, terrifying
uncanny supernatural
unco weird, extraordinary
unsiccar unstable
unskaithed uninjured, unharmed
unsnibbed unlocked
unwappin unwinding
upskailin scattering upwards

vaigin sea-faring
velvous velvet
virr impetus
voar spring (n)
voe inlet

wales selects
wandert astray
wants lacks
wappenshaw target practice
wappit wound round
warstle wrestle
warstlin wrestling
wattery-nebbed wet-nosed
weels eddies
weird fate, destiny
weive close texture
were minded intended, of a mind to
wheen a number of
wheengin whining
whiles on occasions
whummle capsize
wicks o the mou corners of the mouth
widden-dreamers fireside dreamers, fantasists
wid-dreams deranged fantasies
win find one's way to; escape from
wind-bufft wind-beaten
wind-cuffer kestrel
winnerin wondering
wrocht laboured
wud mud
wyle choose
wyled enticed
wyme stomach
wyre in chew ravenously
wyte fault

yalla yellow
yird earth
yirdlins to the earth
yirth earth
yokey itchy
yokit yoked
yowes ewes